2021年版

中検2級試験問題

［第100・101・102回］
解答と解説

一般財団法人
日本中国語検定協会 編

白帝社

音声ファイルダウンロードについて

■『中検 2 級試験問題 2021〔第 100・101・102 回〕』の音声ファイル（MP3）を無料でダウンロードすることができます。
下記サイトにアクセスしてください。
http://www.hakuteisha.co.jp/audio/chuken/2-2021.html

■ 本文中の マークの箇所が音声ファイル（MP3）提供箇所です。
ファイルは ZIP 形式で圧縮された形でダウンロードされます。
会場での受験上の注意を収録したトラック 01，02，44 の番号は，本書「問題」部分には記していません。

■ スマートフォンで音声ダウンロードと再生を行う場合の参考情報は，v 頁をご覧ください。

■ 本書と音声は著作権法で保護されています。

ご注意

＊ 音声の再生には，MP3 ファイルが再生できる機器などが別途必要です。

＊ ご使用機器，音声再生ソフトに関する技術的なご質問は，ハードメーカー，ソフトメーカーにお問い合わせください。

ダウンロードファイルをご利用できない場合は CD をお送りします。
葉書あるいはメールに必要事項（①『中検 2 級試験問題 2021〔第 100・101・102 回〕』の CD 希望，②お送り先の住所，③氏名）を明記の上，下記宛にお申し込みください。

171-0014 東京都豊島区池袋 2-65-1　白帝社 CD 係
info@hakuteisha.co.jp

まえがき

私たちの協会はこれまで各回の試験が終わるごとに級別に試験問題の「解答解説」を発行し，また年度ごとに3回の試験問題と解答解説を合訂した「年度版」を公表してきました。これらは検定試験受験者だけでなく，広く中国語学習者や中国語教育に携わる先生方からも，大きな歓迎を受けてきましたが，ただ主として予約による直接購入制であったため，入手しにくいので一般の書店でも購入できるようにしてほしいという声が多く受験者や学習者から寄せられていました。

その要望に応えるため，各回版と年度版のうち，「年度版」の発行を2013年度実施分より中国語テキストや参考書の発行に長い歴史と実績を有する白帝社に委ねることにしました。「各回版」の方は速報性が求められ，試験終了後直ちに発行しなければならないという制約を有するため，なお当面はこれまでどおり協会が発行し，直接取り扱うこととします。

本書の内容は，回ごとに出題委員会が作成する解答と解説に準じていますが，各回版刊行後に気づいた不備，回ごとの解説の粗密や記述体裁の不統一を調整するとともに，問題ごとに出題のねらいや正解を導くための手順を詳しく示すなど，より学習しやすいものになるよう配慮しました。

本書を丹念に読むことによって，自らの中国語学習における不十分なところを発見し，新しい学習方向を定めるのに役立つものと信じています。中国語学習者のみなさんが，受験準備のためだけでなく，自らの学力を確認するための目安として本書を有効に活用し，学習効果の向上を図られることを願っています。

2021年5月

一般財団法人 日本中国検定協会

本書について

本書は，日本中国語検定協会が2020年度に実施した第100回（2020年6月），第101回（2020年11月），第102回（2021年3月）中国語検定試験の問題とそれに対する解答と解説を，実施回ごとに分けて収めたものです。リスニング問題の音声はダウンロードして聴くことができます。

問　題

・試験会場で配布される状態のものに，音声のトラック番号を 03 のように加えています。ただし，会場での受験上の注意を収録した各回のトラック01，02，44は記していません。

解答と解説

・問題の最初に，出題の形式や狙いと細かい配点を示しています。

・4択式の解答は白抜き数字❶❷❸❹で，記述式の解答は太字で示しています。解説は問題ごとに　　内に示しています。

・問題文と選択肢のすべてに日本語訳例を付し，筆記の選択肢の語句にピンインを付けています。

・ピンイン表記は原則として《现代汉语词典 第7版》に従っていますが，“不”“一”の声調は変調したものを示しています。
“没有”は動詞は méiyǒu，副詞は méiyou のように表記しています。
軽声と非軽声の2通りの発音がある場合は，原則として軽声の方を採用しています。例：“打算 dǎ·suàn”は dǎsuan，“父亲 fù·qīn”は fùqin，“因为 yīn·wèi”は yīnwei。

・音声のトラック番号は，04 のように示し，繰り返しのものを割愛しています。

解答用紙見本

・巻末にマークシート式の解答用紙の見本（70%縮小）があります。記入欄を間違えないように，解答欄の並び方を確認しましょう。

参考情報 スマートフォンで音声ダウンロードと再生を行う手順

http://www.hakuteisha.co.jp/audio/chuken/2-2021.html

・iPhone で Clipbox（解凍用アプリ）**を使う場合**

① App Store から Clipbox Zip をダウンロードします。
② QR コードリーダーで QR コードを読み取ります。
URL を入力する場合は，Clipbox Zip を起動し，「ブラウザ」を選択し入力します。
③ ダウンロードしたいものを選択（タッチ）します。通信環境により，ダウンロード完了までに 15 分以上かかる場合があります。
④ 「Clipbox Zip にコピー」を選択→出てきた Zip を選択→「解凍します」を選択。
⑤ 聞きたいトラック番号を選択して，音声を再生します。

・iPhone で Easy Zip（解凍用アプリ）**を使う場合**

① App Store から Easy Zip をダウンロードします。
② QR コードリーダーで QR コードを読み取ります。
URL を入力する場合は，Easy Zip を起動し，「ブラウザ」を選択し入力します。
③ ダウンロードしたいものを選択（タッチ）します。通信環境により，ダウンロード完了までに 15 分以上かかる場合があります。
④ 「“Easy Zip” で開く」を選択→出てきた Zip を選択→「解凍します」を選択。黄色いフォルダが作成されます。
⑤ 聞きたいトラック番号を選択して，音声を再生します。

・Android で Clipbox+（解凍用アプリ）**を使う場合**

① Play ストアから Clipbox+ をダウンロードします。
② QR コードリーダーで QR コードを読み取り，Clipbox+ を使用して音声ダウンロードページを開きます。URL を入力する場合は，Clipbox+ を起動し，「クリップ」→「ブラウザ」を選択し入力します。
③ ダウンロードしたいものを選択（タッチ）します。
④ 「クリップ」→「OK」（→「キャンセル」）を選択します。画面上で変化はありませんが，ダウンロードが始まっています。通信環境により，ダウンロード完了までに 15 分以上かかる場合があります。
⑤ 左上の「< ブラウザ」をタッチして TOP に戻り，保存場所（通常は「マイコレクション」）を選択します。③で選択した Zip が無い場合，まだダウンロードが完了していません。完了すると Zip が現れます。
⑥ Zip を選択すると「解凍しますか」が表示され，「OK」を選択すると，解凍された mp3 ファイルが現れます。
⑦ 聞きたいトラック番号を選択して，音声を再生します。

目　次

第100回
(2020年6月)

問　題

解答時間：計120分

配点：リスニング100点，筆記100点

解答と解説

リスニング （⇨解答と解説13頁）

03 **1** 1. (1)〜(5)の A の発話に対する B の問いの答えとして最も適当なものを，それぞれ①〜④の中から１つ選び，その番号を解答欄にマークしなさい。 (25 点)

04 (1)

① ② ③ ④

05 (2)

① ② ③ ④

06 (3)

① ② ③ ④

07 (4)

① ② ③ ④

08 (5)

① ② ③ ④

09 2. (6)～(10)のＡとＢの対話を聞き，Ｂの発話に続くＡのことばとして最も適当なものを，それぞれ①～④の中から１つ選び，その番号を解答欄にマークしなさい。

（25 点）

10 (6)

① ② ③ ④

11 (7)

① ② ③ ④

12 (8)

① ② ③ ④

13 (9)

① ② ③ ④

14 (10)

① ② ③ ④

15 **2** 中国語を聞き，(1)〜(10)の問いの答えとして最も適当なものを，それぞれ①〜④の中から１つ選び，その番号を解答欄にマークしなさい。 (50点)

16 メモ欄

23

17

24

18 (1)

25 ① ② ③ ④

19 (2)

26 ① ② ③ ④

20 (3)

27 ① ② ③ ④

21 (4)

28 ① ② ③ ④

22 (5)

29 ① ② ③ ④

30
37
メモ欄

31
38

32 (6)
39 ① ② ③ ④

33 (7)
40 ① ② ③ ④

34 (8)
41 ① ② ③ ④

35 (9)
42 ① ② ③ ④

36 (10)
43 ① ② ③ ④

筆　記 （⇨解答と解説21頁）

1 次の文章を読み，⑴～⑽の問いの答えとして最も適当なものを，それぞれ①～④の中から１つ選び，その番号を解答欄にマークしなさい。 (20 点)

老刘夫妇在一所大学的附近开了一个小饭馆儿。他们发现，有一个男学生来吃晚饭时，总比其他学生来得晚，等别人走了以后才来，而且 [(1)] 每次都只要一碗米饭，不要菜。老刘猜想，这个学生大概经济比较困难，[(2)] 不会这么节省，就和妻子商量说：“这样下去，这个孩子身体会受不了的，咱们想个办法帮他增加点儿(3)营养吧。”

第二天，男学生还是只要了米饭。他吃了几口，发现米饭里有一个煮鸡蛋，就问：“我没要鸡蛋哪？”老刘的妻子连忙说：“对不起！是我弄错了。[(4)a] 我一定注意，[(4)b] 你就把鸡蛋吃了吧。”过了两天，男学生 [(5)] 发现米饭的中间埋着一大块牛肉。老刘的妻子 [(5)] 说：“真对不起！我 [(5)] 弄错了，拜托你把牛肉吃了吧。”男学生说：“我知道你们在帮助我。可是我 [(6)] 能总白吃你们的东西呢？”老刘说：“你看这样好不好？以后你每天来工作 30 分钟。然后在店里吃饭，吃什么，吃多少都行。就算我们付的工钱。”男学生很感动，但有些为难地说：“可很多同学都来吃饭哪……。”老刘说：“你还像现在这样，吃完晚饭工作 30 分钟不就行了嘛！”从那天起，男学生 [(7)] 放假 [(7)]，每天都到饭馆儿来，直到毕业。

十几年后的一个夏天，一 [(8)] 特大的台风把老刘夫妇饭馆儿的屋顶刮坏了。正在他们 [(9)] 钱修理，束手无策的时候，来了一个男人对老刘说：“我是日新建筑公司的经理助理。我们经理希望你们把饭馆儿搬到我们公司的一楼去，所有的费用都由他负责。你们的房子也由他负责修理。”老刘吃惊地问：“你们的经理为什么要帮助我们？”那个人没有直接回答，而是说：“我们公司的人总听他说米饭里的鸡蛋和牛肉的事儿。”

⑴ 空欄⑴を埋めるのに適当なものは，次のどれか。

① 仍然　　② 几乎　　③ 简直　　④ 反正

⑵ 空欄⑵を埋めるのに**適当でないもの**は，次のどれか。

① 要是　② 不然　③ 要不　④ 否则

⑶ 下線部⑶の正しいピンイン表記は，次のどれか。

① yínyǎng　② yínyāo　③ yíngyǎng　④ yíngyāo

⑷ 2 か所の空欄⑷を埋めるのに適当なものは，次のどれか。

① a 这次　b 下次　② a 这次　b 上次

③ a 下次　b 上次　④ a 下次　b 这次

⑸ 3 か所の空欄⑸を埋めるのに適当な同一の語は，次のどれか。

① 再　② 更　③ 还　④ 又

⑹ 空欄⑹を埋めるのに適当なものは，次のどれか。

① 多么　② 怎么　③ 什么　④ 这么

⑺ 2 か所の空欄⑺を埋めるのに適当なものは，次のどれか。

① 不但…而且…　② 只要…就…　③ 除了…以外…　④ 只有…才…

⑻ 空欄⑻を埋めるのに適当なものは，次のどれか。

① 场　② 趟　③ 回　④ 遍

⑼ 空欄⑼を埋めるのに適当なものは，次のどれか。

① 想不到　② 拿不出　③ 难不住　④ 买不起

⑽ 本文の内容と**一致しないもの**は，次のどれか。

① 男学生不愿意让别人看到自己吃饭。

② 为了不让男学生感到不安，老刘让他到饭店打工。

③ 毕业以后男学生一直和老刘保持着联系。

④ 男学生经常和别人说起老刘夫妇对他的帮助。

2 1. (1)～(5)の文①～④の中から，正しいものを１つ選び，その番号を解答欄にマークしなさい。 (10点)

(1) ① 我忘不了他说的话怎么也。
② 我怎么也忘他说的话不了。
③ 我怎么也忘不了他说的话。
④ 我忘他说的话不了怎么也。

(2) ① 即使一会儿晚到，还是也应该去。
② 即使一会儿晚到，也还是应该去。
③ 即使晚一会儿到，还是也应该去。
④ 即使晚到一会儿，也还是应该去。

(3) ① 她好不容易找到人给她照相。
② 她找到人好不容易给她照相。
③ 她找到人给她好不容易照相。
④ 她给她好不容易找到人照相。

(4) ① 一做没有说的那么容易才知道。
② 一做才知道没有说的那么容易。
③ 没有说那么容易的一做才知道。
④ 才知道一做没有说那么容易的。

(5) ① 他已经不抱对那件事幻想了。
② 他对那件事已经不抱幻想了。
③ 他已经不抱幻想对那件事了。
④ 他不对那件事已经抱幻想了。

2. ⑹～⑽の文の下線を付した語句の意味として最も適当なものを，それぞれ①～④の中から１つ選び，その番号を解答欄にマークしなさい。 (10点)

⑹ 你们俩谈了一年恋爱了，什么时候请大家吃喜糖啊？

① 到自己家吃饭。 ② 送节日吃的糖果。

③ 告诉好消息。 ④ 参加结婚典礼。

⑺ 有名作家的作品也未必都有意思。

① 不得不 ② 不一定 ③ 不由得 ④ 不得已

⑻ 她跟丈夫的妹妹合不来，一见面就吵架。

① 很少接触 ② 很少商量 ③ 不能相处 ④ 不好说服

⑼ 商店让顾客用信用卡付款的方便之处是不用找钱。

① 把超过应收金额的钱退还给顾客。

② 把整钱换成零钱。

③ 把零钱换成整钱。

④ 用现金付款。

⑽ 你总这么大手大脚的，什么时候才能买上房子啊？

① 做事马马虎虎。 ② 生活没有规律。

③ 工作拖拖拉拉。 ④ 花钱没有节制。

3 ⑴～⑽の文の空欄を埋めるのに最も適当なものを，それぞれ①～④の中から１つ選び，その番号を解答欄にマークしなさい。 (20 点)

⑴ 你别（　　　），只要坚持不懈，就会成功的。

① 动心　② 多心　③ 费心　④ 灰心

⑵ 我给他打了好几次电话，（　　　）还是没打通。

① 终止　② 结局　③ 终了　④ 结果

⑶ 做了进出口贸易工作以后，我才知道学好一（　　　）外语有多么重要。

① 节　② 门　③ 份　④ 项

⑷ 小卖店一下子来了这么多客人，他一个人实在是忙不（　　　）。

① 起来　② 出来　③ 过来　④ 上来

⑸ 女儿正在（　　　）着镜子化妆。

① 向　② 朝　③ 往　④ 对

⑹（　　　）买一本词典，（　　　）买一个电子词典。

① 与其…不如…　② 无论…还是…　③ 假如…就…　④ 尽管…也…

⑺ 学校为获得诺贝尔奖的教授举行了（　　　）的祝贺大会。

① 重大　② 厚重　③ 隆重　④ 雄厚

⑻ 这部电影是（　　　）1912 年 4 月发生的一起沉船事故改编的。

① 根据　② 沿着　③ 据说　④ 按着

⑼ 那个山的形状（　　　）一匹马，所以叫白马山。

① 似乎　② 比如　③ 好像　④ 相似

⑽ 第一次去南美洲旅行的时候，周围的一切都使我感到（　　　）。

① 异同　② 新奇　③ 风趣　④ 逼真

4 次の文章を読み，(1)～(5)の問いの答えとして最も適当なものを，それぞれ①～④の中から１つ選び，その番号を解答欄にマークしなさい。また，下線部(a)・(b)を日本語に訳し，解答欄(6)に書きなさい。 (20点)

中国人一般都认为“热”对身体好。[(1)]是南方，[(1)]北方，家家都有热水瓶，一年四季，都要喝热水。吃东西的时候，也常常说：“[(2)]热吃。”天气发生了变化，父母总是嘱咐孩子：“多穿点儿，别着凉。”可是欧美人却不是这样。

我在德国工作时，看到房东一家人全年都喝凉水，(a)女主人一年如一日地用刚从冰箱里拿出来的牛奶喂她３岁的女儿。去饭店吃饭，刚一坐下，服务员就会给你端来一杯凉水，有时还要放上冰块儿。这些在中国都是难以想象的。

对待热与冷的差异，在如何穿衣服上的反映也非常[(3)]。冬天我一般是穿羽绒服去学校，进教室后，脱了羽绒服穿着毛衣给留学生上课。可是美国的留学生们只在短袖Ｔ恤衫的外面套件夹克，有的女生还穿着裙子。一进教室，他们就脱掉夹克到处找遥控器，一个劲儿地喊：“太冷了！”要把温度调高些。看着他们全身发抖的样子，我好奇地问：“为什么不多穿点儿呢？”他们说：“少穿衣服更健康。”有趣的是，夏天他们一进教室也找遥控器，不停地喊：“太热了！”要把温度调低些。他们说：“冬天和夏天室内的温度一样的话，一年四季穿的衣服差不多，对健康有好处。”我问他们：“(b)不按季节调整衣服，而是靠空调调节温度，对环境怎么样呢？”他们都[(4)]了。

(1) ２か所の空欄(1)を埋めるのに適当なものは，次のどれか。

① 不但…而且… ② 不论…还是… ③ 即使…也… ④ 又…又…

(2) 空欄(2)を埋めるのに適当なものは，次のどれか。

① 趁 ② 乘 ③ 就 ④ 在

(3) 空欄(3)を埋めるのに適当なものは，次のどれか。

① 明确 ② 明白 ③ 明显 ④ 显然

(4) 空欄(4)を埋めるのに**<u>適当でないもの</u>**は，次のどれか。

① 一言不发　　② 冷言冷语　　③ 闭口无言　　④ 默不作声

(5) 本文の内容と一致するものは，次のどれか。

① 中国饭店的服务员给顾客凉水的时候总放冰块儿。

② 欧美人一年四季只穿短袖 T 恤衫。

③ 人们对冷热和健康的关系看法不一致。

④ 对美国留学生来说，中国大学的教室里冬暖夏凉。

(6) 下線部(a)・(b)を日本語に訳しなさい。

5 (1)〜(5)の日本語を中国語に訳し，解答欄に書きなさい。　(20 点)

(1) わたしはまたカギを部屋に置き忘れてしまった。

(2) もし何か問題があれば，いつでもお尋ねください。

(3) きょうはわたしがごちそうしますので，食べたいものを食べてください。

(4) この下にパスポートナンバーをご記入ください。

(5) この本はすでに売り切れてしまっていて，どこへ行っても手に入りません。

リスニング （⇨問題2頁）

1

解答：(1) ❷　(2) ❹　(3) ❶　(4) ❸　(5) ❸　(6) ❷　(7) ❹　(8) ❶　(9) ❷　⑽ ❸

1. Aの発話に対するBの問いの答えを選びます。日常会話の一言を聞き取り，素早く状況をつかむ能力を問います。（各5点）

04 (1) A：去北京，不到长城的话，就白去了。（北京に行って，万里の長城に行かないのは，行った甲斐《かい》がないというものだ。）

B：说话人的意思是：（話し手が言っている意味は：）

① 去北京，不去长城也可以。
（北京に行って，万里の長城に行かなくてもかまわない。）

❷ 去北京，就应该去长城。（北京に行ったら，万里の長城に行くべきだ。）

③ 去北京的人不一定去长城。
（北京に行く人が万里の長城に行くとは限らない。）

④ 去北京的人都不去长城。
（北京に行く人はみな万里の長城に行かない。）

05 (2) A：李伟年龄那么小，也一个人来留学，真不简单哪！（李偉さんはあんなに小さいのに，一人で留学に来るとは，本当に大したものだ。）

B：说话人的意思是：（話し手が言っている意味は：）

① 留学生的年龄都不太大。（留学生の年齢はみなあまり高くない。）

② 一般的留学生年龄比李伟小。
（一般の留学生の年齢は李偉さんより年下だ。）

③ 留学生的年龄都差不多。（留学生の年齢はみな似たり寄ったりだ。）

❹ 一般的留学生年龄比李伟大。
（一般の留学生の年齢は李偉さんより年上だ。）

06 (3) A：最好大家都来，人越多越热闹！
（みんな来たほうがよい，人が多ければ多いほどにぎやかだから。）

B：说话人的意思是：（話し手が言っている意味は：）

❶ 希望来的人多。（来る人が多くあってほしい。）

② 希望来的人少。（来る人が少なくあってほしい。）

③ 大家都想来。（みんな来たいと思っている。）

④ 自己不想来。（自分は来たくない。）

07 (4) A：张科长，明天有一个朋友从外地来，我想请一天假。

（張課長，あす友人がよそから来るので，1日休みたいのですが。）

B：说话人的意思是：（話し手が言っている意味は：）

① 他想去朋友家。（彼は友人の家に行きたいと思っている。）

② 他想给朋友介绍张科长。

（彼は友人に張課長を紹介したいと思っている。）

❸ **他想不上班陪朋友。**（彼は出勤せず友人に付き添いたいと思っている。）

④ 他想去外地看朋友。（彼はよそへ友人に会いに行きたいと思っている。）

08 (5) A：请问，359 次航班是在 61 号登机口登机吗？

（すみません，359 便は 61 番搭乗口からの搭乗ですか。）

B：说话的人在哪儿？（話し手はどこにいるか。）

① 火车站。（駅。）

② 电影院。（映画館。）

❸ **飞机场。**（空港。）

④ 汽车站。（バス停。）

2. AとBの対話に続くAのことばを選びます。日常会話の短い対話を聞き取り，素早く状況をつかんで反応する能力を問います。 （各5点）

10 (6) A：请问，在哪儿能给手机充电？

（すみません，どこでスマホの充電ができますか。）

B：前边的那排座位都能。（前のあの列の席はみなできます。）

A：① 对不起！我今天忘带手机了。

（ごめんなさい。わたしはきょうスマホを忘れました。）

❷ **谢谢！可是那里都坐着人呢。**

（ありがとうございます。でもあそこにはみな人が座っていますが。）

③ 麻烦您了！请等一下吧。

（お手数をおかけします。少し待ってください。）

④ 不用谢！快请坐吧。（どういたしまして。早く座ってください。）

11 (7) A：我还没去过韩国，你呢？

（わたしはこれまで韓国に行ったことがありませんが，あなたは？）

B：我去过一次，但是没去首尔。
（わたしは一度行ったことがありますが，ソウルには行きませんでした。）

A：① 我就去过首尔，没去过别的地方。（わたしはソウルには行ったことがありますが，ほかの所には行ったことがありません。）

② 我就去过韩国，但是没去过别的国家。（わたしは韓国には行ったことがありますが，ほかの国には行ったことがありません。）

③ 那暑假咱们一起去中国，怎么样？
（では，夏休みに一緒に中国に行くのはどうですか。）

❹ 那暑假咱们一起去，怎么样？
（では，夏休みに一緒に行くのはどうですか。）

12 (8) A：请问，退房以后可以把行李存在服务台吗？
（すみません，チェックアウトのあと荷物をフロントに預けられますか。）

B：可以！可以免费存一个星期。（いいですよ。1週間無料で預けられます。）

A：**❶ 那太好了！给我存两天就行。**
（それは良かった。2日間預かってもらえれば結構です。）

② 是吗？一天要多少钱？（そうですか。1日いくらですか。）

③ 那太好了！今天就是星期一。（それは良かった。きょうは月曜日です。）

④ 是吗？正好我还没退房。
（そうですか。ちょうどまだチェックアウトしていませんから。）

13 (9) A：你在找什么呢？（何を捜しているのですか。）

B：找手机，我就放在房间里了，可怎么也找不到了。（スマホを捜していますが，部屋の中に置いたのに，いくら捜しても見つかりません。）

A：① 不用找了。我的手机在这儿。
（捜す必要はありません。わたしのスマホはここにあります。）

❷ 是吗？那我给你的手机打个电话吧。（そうですか。それではわたしがあなたのスマホに電話をかけてみましょう。）

③ 不用找了。房间里没有人。
（捜す必要はありません。部屋には誰もいませんから。）

④ 是吗？那你用手机给我打个电话吧。
（そうですか。それではあなたがスマホでわたしに電話をしてください。）

14 (10) A：今天你怎么这么高兴？
（きょうあなたはなぜそんなに喜んでいるのですか。）

B：我买到了奥运会的足球比赛票。

（オリンピックのサッカーのチケットが買えたんです。）

A：① 真的？ 那太遗憾了。（本当ですか。それはとても残念ですね。）

② 是吗？ 那太贵了。（そうですか。それは高すぎます。）

❸ 真的？ 那太幸运了。（本当ですか。それはとてもラッキーですね。）

④ 是吗？ 那太远了。（そうですか。それは遠すぎます。）

2 **500字程度の2つの文章を聞き，内容についての問い5問ずつに答えます。ポイントとなる内容を聞き取り，全体の趣旨をつかむ能力を問います。**（各5点）

解答：(1)❷ (2)❷ (3)❹ (4)❸ (5)❷ (6)❹ (7)❹ (8)❶ (9)❸ (10)❸

(1)～(5)の中国語

16 我的朋友小张，一直保持着一个习惯，就是不管多忙，每个月一定要跟朋友们一起去吃一顿饭。

我问她：“为什么保持着这个习惯？你们都是喜欢吃的美食家，是每个月换一家饭店去找好吃的吗？”小张说：“根本不是。吃什么对我们来说，一点儿都不重要。”我又问她：“那你们一定是每天自己做饭，觉得又麻烦又费时间，想出去轻松一下吧？”她想了一下，马上又摇摇头说：“是想放松一下，但这还不是主要的。”我接着问：“那到底是为什么呢？”她说：“是为了大家见见面，聊聊天儿。虽然我们差不多每天都通过手机或者电脑联系，有时还发照片，既能听到声音，又能看到样子。可是，不知为什么，这些现代化的交流越多，越让人觉得朋友离得远了。因为我们看到的是文字和图像，听到的是电波的声音，看不到真实的人。坐在一起吃饭就不一样了。大家握握手，拍拍肩膀。一边吃，一边聊。‘你胖了，我瘦了’地想说什么，就随便说什么，那才是真正的朋友之间的交流呢。”

17 小张的话引起了我的思考。现在人们每天忙于工作或学习，不仅朋友们很少在一起吃饭，就是家里人也常常是上学的孩子、上班的父亲不能一起吃早饭、吃晚饭，午饭就更不用说了。我觉得应该像小张那样，逐渐养成和亲人朋友们一起吃饭的习惯。

訳：わたしの友人の張さんは，ずっとある習慣を続けている。それはどんなに忙しくても，毎月必ず友人と一緒に食事に行くことだ。

わたしは彼女に「なぜこの習慣を続けるの？あなたたちはみんなグルメだか

ら，毎月お店を変えながらおいしい食事を探しているのかしら」と尋ねた。張さんは言った。「全然違うわ。何を食べるかは，わたしたちにとって少しも重要ではないの」わたしはまた尋ねた。「じゃあ毎日自分でごはんを作ると，面倒で時間もかかると思うから，外に出てちょっとリラックスしたいんでしょう？」彼女は少し考えて，すぐに首を横に振って言った。「リラックスはしたいけど，それがメインじゃないわ」わたしは続けて尋ねた。「じゃあ一体なぜ？」彼女は言った。「みんなで会って，おしゃべりするためよ。わたしたちはほとんど毎日スマホかパソコンで連絡を取ったり，写真を送ったりすることもあるわ。声を聴けて，様子を見ることもできるし。でも，なぜか分からないけど，現代的な交流が多くなるほど，友達が遠くなっていくように感じられるの。だってわたしたちが目にするのは文字と画像，聞こえるのは電波の音で，実際の人を見ることはできないから。座って一緒に食事をするのとは全く違うわ。みんなと握手したり，肩をたたいたり，食べながらおしゃべりをする。『太ったわね，痩せたわね』なんて言いたいことを気ままに言うのが，本当の友達との交流でしょ」

張さんの話で考えさせられた。今の人たちは毎日仕事や勉強に忙しく，友人とあまり食事をしないだけではなく，家族ですら，学校に通う子どもや勤め人の父親はほかの人と朝食や夕食を一緒に食べることができず，昼食となると言うまでもない。わたしは，張さんのように，少しずつ家族や友人と一緒に食事をする習慣を作っていくべきだと感じた。

18 (1) 問：小张为什么每个月都和朋友去吃饭?
(張さんはなぜ毎月友人と食事に行くのか。)

答：① 因为她们喜欢美食。(彼女たちはグルメだから。)
❷ 因为她不想只用电脑和手机交流。
(彼女はパソコンやスマホだけで交流したくないから。)
③ 因为自己做饭麻烦。(自分でごはんを作るのが面倒だから。)
④ 因为她有时间。(彼女には時間があるから。)

19 (2) 問：小张认为和朋友一起吃饭有什么好处? (張さんは友人と一緒に食事をすることにどんな利点があると考えているのか。)

答：① 可以互相照相。(お互いに写真を撮り合うことができる。)
❷ 可以见面聊天儿。(会って世間話をすることができる。)
③ 可以吃朋友做的菜。(友人が作る料理を食べることができる。)
④ 可以给朋友做菜。(友人に料理を作ってあげることができる。)

20 ⑶ 問：小张认为什么是真正的朋友之间的交流？
（張さんは本当の友人間の交流とは何だと思っているか。）
答：① 每天通过手机的交流。（毎日スマホを通じての交流。）
② 通过电波听到声音的交流。（電波を通して声が聞こえる交流。）
③ 用电脑发照片的交流。（パソコンで写真を送る交流。）
❹ 见面想说什么就说什么的交流。（会って話したいことを話す交流。）

21 ⑷ 問：为什么有的家庭全家人不能一起吃饭？
（なぜ家によっては家族全員で一緒に食事をできないのか。）
答：① 因为全家人都使用手机。（家族全員みなスマホを使っているから。）
② 因为有的人想放松一下。
（リラックスしたいと思っている人もいるから。）
❸ 因为工作上学的时间不一样。（仕事や通学の時間が違うから。）
④ 因为有的人不吃午饭。（昼ごはんを食べない人もいるから。）

22 ⑸ 問：与本文内容相符的是以下哪一项？
（本文の内容と一致するものは，次のどれか。）
答：① 作者的朋友们都有一起吃饭的习惯。
（作者の友人たちはみな一緒に食事をする習慣がある。）
❷ 我也想养成小张那样的习惯。
（わたしも張さんのような習慣を身に付けたいと思っている。）
③ 我每个月都和小张一起吃一顿饭。
（わたしは毎月張さんと一緒に食事をしている。）
④ 吃饭的时候小张说我胖了。
（食事をするとき，張さんはわたしが太ったと言った。）

⑹～⑽の中国語

30 说到留学，人们首先会想到，能够接触不同的文化，开阔眼界，养成独立生活的习惯等。在日本，有一种和一般的留学不同的“留学”，叫“山村留学”。就是城市里的中小学生到边远的山区去生活一两年，在当地的学校上学，亲身接触大自然，体验农村的生活。由于不用出国，也能使孩子得到各种锻炼，收到去国外留学的效果，因此，这种留学很受欢迎。

31 山村留学的住宿方式也和一般的留学不一样，有的是住在当地人家里，有的是住在亲戚的家里，也有的是小留学生的父母和他们一起住在山村，还有的是小留学生们自己住在宿舍里。因为前三种还是没有离开“家”，所以，对小留学生们来说，最有吸引力的是最后一种。去留学的小学生们，第一次独立生活，刚开始会感到不习惯，父母和老师还担心他们去了几天就会哭着想回家。但是很快就发现，小留学生们的适应能力都非常强，而且很喜欢山村的生活。因为那里的生活丰富多彩，春天种菜，夏天爬山，秋天到果园里摘苹果，冬天扫雪、堆雪人，都是在城里体验不到的。他们觉得每天都新鲜有趣，根本不想回家。

小留学生们的到来，也使当地的孩子们感到高兴，他们能够认识很多新朋友，还能通过小留学生知道很多城市里的事儿。学校里的学生多了，运动会也比以前热闹了。

訳：留学というと，まず異なる文化に触れ，視野を広げ，独立した生活を送る習慣を身に付けることを思いつくだろう。日本では一般的な留学とは異なる「留学」があり，「山村留学」と呼ばれる。つまり都会に住む小中学生が遠く離れた山間地域に行って1，2年生活し，現地の学校に通い，自ら大自然に触れ，農村の生活を体験するのである。外国に行く必要もなく，子どもを鍛えることができ，海外留学のような効果が得られることから，このタイプの留学は人気がある。

山村留学の居住方式も一般の留学とは異なり，現地の人の家に住む子もいれば，親戚の家に住む子もいれば，両親が一緒に山村に住む子もいれば，自分で寮に住む子もいる。前の3つはやはり「家」から離れていないので，小さな留学生たちにとって一番魅力的なのは最後の1つだ。留学に行く小学生たちは，初めて独立して生活をする。始めは慣れず，両親や先生は彼らが行って数日で泣いて家に帰りたがるのではと心配する。しかし，小さな留学生たちの適応能力は非常に高く，山村の生活が好きだということにすぐさま気付く。なぜならそこでの生活は多彩で，春には野菜を植え，夏には山に登り，秋には果樹園に行ってリンゴをもぎ，冬には雪をかいて雪だるまを作るのは，みな都会では体験できないことである。彼らは毎日が新鮮でおもしろく，家に帰りたいとはまったく思わない。

小さな留学生が来たことで，現地の子どもたちもうれしい。たくさんの新しい友達に知り合うことができ，彼らを通して都会の事も知ることができる。学校の生徒が増えたので，運動会も以前よりにぎやかになった。

32 (6) 問：山村留学为什么受欢迎？（山村留学はなぜ人気があるのか。）

答：① 因为可以在当地的学校上学。（現地の学校に通えるから。）

② 因为能够接触国外的文化。（外国の文化に触れることができるから。）

③ 因为可以锻炼身体。（体を鍛えることができるから。）

❹ 因为能够收到去国外留学的效果。

（海外留学のような効果が得られるから。）

33 (7) 問：山村留学的住宿方式有几种？（山村留学の居住方式は何種類あるか。）

答：① 一种。（1種類。） ② 两种。（2種類。）

③ 三种。（3種類。） **❹ 四种。**（4種類。）

34 (8) 問：为什么最后一种住宿方式对小留学生们最有吸引力？

（なぜ最後の居住方式が小さな留学生に最も魅力的なのか。）

答：**❶ 因为他们想独立生活。**（彼らは独立した生活を送りたいから。）

② 因为他们想和父母住在一起。（彼らは両親と一緒に住みたいから。）

③ 因为他们想住在亲戚家里。（彼らは親戚の家に住みたいから。）

④ 因为他们想住在当地人家里。（彼らは現地の人の家に住みたいから。）

35 (9) 問：当地的孩子们为什么感到高兴？

（現地の子どもたちはなぜうれしく感じるのか。）

答：① 因为山村的生活丰富多彩。（山村の生活は多彩であるから。）

② 因为他们能住在家里，知道外国的事。

（彼らは家に住んでいながら，外国の事が分かるから。）

❸ 因为他们能认识新朋友，知道城里的事。

（彼らは新しい友人と知り合え，都会の事が分かるから。）

④ 因为他们能去城里留学。（彼らは都会に留学に行けるから。）

36 (10) 問：与本文内容相符的是以下哪一项？

（本文の内容と一致するものは，次のどれか。）

答：① 一般的留学无法接触大自然。

（普通の留学では大自然に触れるすべがない。）

② 有的小留学生哭着想回家。

（泣きながら家に帰りたがる小さな留学生もいる。）

❸ 山村小学的运动会和以前不一样了。

（山村の小学校の運動会は以前とは異なるものになった。）

④ 山村的冬天不太冷，也不下雪。

（山村の冬はあまり寒くなく，雪も降らない。）

筆　記 (⇨問題 6 頁)

1 600 字程度の文章を読み，流れをつかんで適当な語句を補う 8 問，正しいピンインを選ぶ 1 問，内容の理解を問う 1 問に答えます。語句の知識と読解力を問います。 (各 2 点)

解答：(1)❷ (2)❶ (3)❸ (4)❹ (5)❹ (6)❷ (7)❸ (8)❶ (9)❷ (10)❸

老刘夫妇在一所大学的附近开了一个小饭馆儿。他们发现，有一个男学生来吃晚饭时，总比其他学生来得晚，等别人走了以后才来，而且 (1)几乎 每次都只要一碗米饭，不要菜。老刘猜想，这个学生大概经济比较困难， (2)不然／要不／否则 不会这么节省，就和妻子商量说：“这样下去，这个孩子身体会受不了的，咱们想个办法帮他增加点儿(3)营养 yíngyǎng 吧。”

第二天，男学生还是只要了米饭。他吃了几口，发现米饭里有一个煮鸡蛋，就问：“我没要鸡蛋哪？”老刘的妻子连忙说：“对不起！是我弄错了。 (4)a 下次 我一定注意， (4)b 这次 你就把鸡蛋吃了吧。”过了两天，男学生 (5)又 发现米饭的中间埋着一大块牛肉。老刘的妻子 (5)又 说：“真对不起！我 (5)又 弄错了，拜托你把牛肉吃了吧。”男学生说：“我知道你们在帮助我。可是我 (6)怎么 能总白吃你们的东西呢？”老刘说：“你看这样好不好？以后你每天来工作 30 分钟。然后在店里吃饭，吃什么，吃多少都行。就算我们付的工钱。”男学生很感动，但有些为难地说：“可很多同学都来吃饭哪……。”老刘说：“你还像现在这样，吃完晚饭工作 30 分钟不就行了嘛！”从那天起，男学生 (7)除了 放假 (7)以外 ，每天都到饭馆儿来，直到毕业。

十几年后的一个夏天，一 (8)场 特大的台风把老刘夫妇饭馆儿的屋顶刮坏了。正在他们 (9)拿不出 钱修理，束手无策的时候，来了一个男人对老刘说：“我是日新建筑公司的经理助理。我们经理希望你们把饭馆儿搬到我们公司的一楼去，所有的费用都由他负责。你们的房子也由他负责修理。”老刘吃惊地问：“你们的经理为什么要帮助我们？”那个人没有直接回答，而是说：“我们公司的人总听他说米饭里的鸡蛋和牛肉的事儿。”

訳：劉さん夫婦はある大学の近くに小さなレストランを開いている。彼らは，ある男子学生がいつも夕食を食べに来るのが，ほかの学生より遅く，ほかの人が出て行ってからようやく来て，しかもほぼ毎回ごはん 1 杯だけ頼み，おかずを注文しないことに気付いた。劉さんは，この学生は経済的に苦しいのだろうと推測した。でなければこんなにも節約することはない。そこで妻に「こんなことが続けば，あの子の体は耐えられないだろう，どうにかして彼に栄養を付けさせてあげよう」と言った。

翌日，男子学生はやはりごはんだけを注文した。彼は何口か食べると，ごはんの中に鶏の卵があるのに気付いたので，「卵は頼んでないのですが」と尋ねた。劉さんの妻は急いで「ごめんなさい！わたしが間違えたんです。次は必ず気を付けますから，今回は卵を食べてください」と言った。2日後，男子学生はまたごはんの中に大きな牛肉の塊があるのに気付いた。劉さんの妻はまた「本当にすみません！また間違えました，お願いだからその牛肉を食べてください」と言った。男子学生は「あなた方がぼくを助けてくださっていることは分かります。しかしどうしていつもただであなた方のものを食べることができるでしょう」と言った。劉さんは「こうするのはどうでしょう。今後，毎日ここに来て30分働いてもらう。それからお店で食事をしてもらう。何を食べても，どれだけ食べてもかまいません。わたしたちが支払う賃金です」と言った。男子学生はとても感動したが，少し困ったように「でも，たくさんの同級生がここに食事に来るんです……」と言った。劉さんは「今みたいに，食事をしてから30分働けばいいでしょう」と言った。その日から，男子学生は長期休暇期間を除いて，毎日レストランに来て，卒業するまで続けた。

10数年後のある夏，特大の台風が劉さん夫婦のレストランの屋根を壊してしまった。ちょうど修理のお金を出せず困り果てていたときに，一人の男性がやって来て劉さんに「わたしは日新建築会社の社長補佐です。社長が，あなた方のレストランをわが社の1階に移転してほしく，すべての費用は社長が引き受けると申しています」と言った。劉さんは驚いて「社長さんは，なぜわたしたちを助けてくださるのでしょうか」と尋ねた。その人物は直接は答えなかったが，「われわれの会社の者は，いつも社長からごはんの中の卵と牛肉のことを聞いています」と言った。

(1) 空欄補充

① 仍然 réngrán　❷ 几乎 jīhū　③ 简直 jiǎnzhí　④ 反正 fǎnzheng

②は「ほとんど，大体」という意味で，“几乎每次都只要一碗米饭”で「ほぼ毎回ごはん1杯だけ頼む」という意味になることから，これが正解です。①は「依然として」，③は「全く，ほとんど」，④は「どうせ，いずれにせよ」という意味です。

(2) 空欄補充（不適当）

❶ 要是 yàoshi　② 不然 bùrán　③ 要不 yàobù　④ 否则 fǒuzé

①は「もし…なら」という意味でここでは当てはまらないので，これが正解です。②は「もしそうでなければ」の文章語，③は「もしそうでなければ」の口語表現，④は「しからざれば，でないと」という意味です。

(3) ピンイン表記

① yínyǎng　② yínyāo　❸ yíngyǎng　④ yíngyāo

「栄養」という意味で基本的な語ですので，確実に覚えておきましょう。

(4) 空欄補充

① a 这次　b 下次　zhè cì　xià cì　② a 这次　b 上次　zhè cì　shàng cì
③ a 下次　b 上次　xià cì　shàng cì　❹ a 下次　b 这次　xià cì　zhè cì

この次は“我一定注意”（必ず気を付けます）と言っていますから，aには“下次”が入ることが分かります。また，今回は“你就把鸡蛋吃了吧”（卵を食べてください）と言っていることから，bには“这次”が入ることが分かるので，④が正解です。

(5) 空欄補充

① 再 zài　② 更 gèng　③ 还 hái　❹ 又 yòu

注文していないものがごはんの中に入っているということがもう一度繰り返されているので，動作の繰り返しがすでに実現されたことを示す④が正解です。①は「再び，もう一度」，②は「さらに」，③は「その上」という意味です。

(6) 空欄補充

① 多么 duōme　❷ 怎么 zěnme　③ 什么 shénme　④ 这么 zhème

劉さんの妻が間違ったふりをして，食べ物をくれようとしていることに気付いた学生が「どうしていつもただであなた方のものを食べることができるでしょう」と言っていることから，強い否定の気持ちを表す「どうして」という意味の②が正解です。①は「どんなに」，③は「何」，④は「こんなに」という意味です。

(7) 空欄補充

① 不但…而且… búdàn…érqiě…　② 只要…就… zhǐyào…jiù…

❸ **除了…以外… chúle…yǐwài…**　④ 只有…才… zhǐyǒu…cái…

“每天都到饭馆儿来，直到毕业”の前に“放假”があることから,「長期休暇期間を除いてアルバイトを続けた」という意味になることが分かるので,「…を除いて…」という意味を表す③が正解です。①は「…ばかりでなく…も」, ②は「…しさえすれば…」, ④は「…してこそ…」という意味です。

(8) 空欄補充

❶ **场 chǎng**　② 趟 tàng　③ 回 huí　④ 遍 biàn

量詞を選ぶ問題です。空欄の直後に“特大的台风”とあることから，雨風・災難など比較的長い経過をたどる現象の回数を数える量詞の①が正解です。②は往復する回数を，③は動作の回数を，④は始めから終わりまでの動作の回数を数えるときに用います。

(9) 空欄補充

① 想不到 xiǎngbudào　❷ **拿不出 nábuchū**

③ 难不住 nánbuzhù　④ 买不起 mǎibuqǐ

“拿不出”は「出すことができない」という意味ですので，②が正解です。“拿不出”は“拿出”（取り出す）の間に“不”が入った可能補語の否定表現で「出せない」という意味です。①は「思いも寄らない」, ③は「困らせることができない」, ④は「(値段が高くて) 買えない」という意味です。

(10) 内容の不一致

① 男学生不愿意让别人看到自己吃饭。
(男子学生は自分が食事をするのをほかの人に見られたくない。)

② 为了不让男学生感到不安，老刘让他到饭店打工。
(男子学生を不安にさせないため，劉さんは彼をレストランで働かせた。)

❸ **毕业以后男学生一直和老刘保持着联系。**
(卒業後，男子学生はずっと劉さんと連絡を取り続けていた。)

④ 男学生经常和别人说起老刘夫妇对他的帮助。(男子学生はいつもほかの

人に劉さん夫婦が自分を助けてくれていたことを話していた。）

　最終段落に“你们的经理为什么要帮助我们？”とあることから，劉さん夫婦が以前の学生が社長となったことを知らないことが分かるので，③が正解です。

2

解答：(1) ❸　(2) ❹　(3) ❶　(4) ❷　(5) ❷　(6) ❹　(7) ❷　(8) ❸　(9) ❶　(10) ❹

1．正しい文を選びます。語順や語句の用法の理解を問います。　（各 2 点）

(1) ① 我忘不了他说的话怎么也。

② 我怎么也忘他说的话不了。

❸ 我怎么也忘不了他说的话。

（わたしは彼が言った話をどうしても忘れられない。）

④ 我忘他说的话不了怎么也。

　「“怎么”＋“也”＋否定形」で「どうしても…ない」という意味です。“忘不了”は「忘れられない」という意味で，“他说的话”がその目的語になるので，③が正解です。“了”は「完了する」意の“了”（liǎo）で，アスペクトの“了”（le）ではありません。

(2) ① 即使一会儿晚到，还是也应该去。

② 即使一会儿晚到，也还是应该去。

③ 即使晚一会儿到，还是也应该去。

❹ 即使晚到一会儿，也还是应该去。

（たとえ少し遅く着いても，やはり行くべきです。）

　“即使…也…”で「たとえ…としても…」，“晚到一会儿”は「少し遅く着く」という意味ですので，④が正解です。

(3) **❶ 她好不容易找到人给她照相。**

（彼女は写真を撮ってくれる人をようやく見つけた。）

② 她找到人好不容易给她照相。

③ 她找到人给她好不容易照相。

④ 她给她好不容易找到人照相。

　“好不容易”は「やっと，ようやく」，「“给”＋人＋動詞」で「人に…

してあげる」という意味になります。ここでは「写真を撮ってくれる人をようやく見つけた」としなければなりませんので，“好不容易”が“找到人给她照相”を修飾している①が正解です。

(4) ① 一做没有说的那么容易才知道。

❷ 一做才知道没有说的那么容易。

（やってみると口で言うほど簡単ではないことが分かった。）

③ 没有说那么容易的一做才知道。

④ 才知道一做没有说那么容易的。

「A＋“没有”＋B＋“那么”＋形容詞」で比較の否定を表し，「“一”＋動詞＋“才”…」で「…してようやく…」という意味になりますので，②が正解です。

(5) ① 他已经不抱对那件事幻想了。

❷ 他对那件事已经不抱幻想了。（彼はその件にもう幻想を抱かなくなった。）

③ 他已经不抱幻想对那件事了。

④ 他不对那件事已经抱幻想了。

“那件事”で「その件」，“不抱幻想了”で「幻想を抱かなくなった」，“对那件事不抱幻想了”で「その件に幻想を抱かなくなった」となります。“已经”は「もう」という意味の副詞で述語を修飾するので，“不抱幻想了”の前に置きます。よって②が正解です。

2. 同じ意味になる語句を選びます。語句の意味についての知識を問います。

（各2点）

(6) 你们俩谈了一年恋爱了，什么时候请大家吃喜糖啊？

（お二人は1年もつきあっているのに，いつになったらみんなを結婚式に招待してくれるのですか。）

① 到自己家吃饭。Dào zìjǐ jiā chī fàn.

② 送节日吃的糖果。Sòng jiérì chī de tángguǒ.

③ 告诉好消息。Gàosu hǎo xiāoxi.

❹ 参加结婚典礼。Cānjiā jiéhūn diǎnlǐ.

“喜糖”は「新郎新婦が結婚するときにお客さんに配る飴」，“吃”は「なめる」ことで，「皆さんに飴をなめさせる」から転じて，「結婚式に参加する」を表す④が正解です。①は「自分の家へ食事に招待する」, ②は「祝祭日になめる飴を贈る」, ③は「よい知らせを伝える」という意味です。

(7) 有名作家的作品也未必都有意思。
(有名な作家の作品でもみなおもしろいとは限らない。)

① 不得不 bùdé bù　　❷ **不一定** bù yídìng
③ 不由得 bùyóude　　④ 不得已 bùdéyǐ

②は「…であるとは限らない」という意味で，これが正解です。①は「…せざるをえない」, ③は「…しないでいられない」, ④は「やむをえない」という意味です。

(8) 她跟丈夫的妹妹合不来，一见面就吵架。
(彼女は夫の妹とそりが合わず，顔を合わせるとすぐけんかになる。)

① 很少接触 hěn shǎo jiēchù　　② 很少商量 hěn shǎo shāngliang
❸ **不能相处** bù néng xiāngchǔ　　④ 不好说服 bù hǎo shuōfú

③は「そりが合わない」という意味で，これが正解です。①は「めったに接触しない」, ②は「めったに相談しない」, ④は「説得しにくい」という意味です。

(9) 商店让顾客用信用卡付款的方便之处是不用找钱。(店が客にクレジットカードで支払いをさせる便利なところは，釣り銭を出さなくていいところだ。)

❶ **把超过应收金额的钱退还给顾客。**
Bǎ chāoguò yīng shōu jīn’é de qián tuìhuán gěi gùkè.
② 把整钱换成零钱。Bǎ zhěngqián huànchéng língqián.
③ 把零钱换成整钱。Bǎ língqián huànchéng zhěngqián.
④ 用现金付款。Yòng xiànjīn fùkuǎn.

①は「多く受け取った金額を客に返す」という意味で，これが正解です。②は「お札を小銭に換える」, ③は「小銭をお札に換える」, ④は「現金で支払いをする」という意味です。

(10) 你总这么大手大脚的，什么时候才能买上房子啊？
(君はいつもそんなふうに派手に浪費しているが，いつ家を買えるんだい。)

① 做事马马虎虎。Zuòshì mǎmahūhū.

② 生活没有规律。Shēnghuó méiyǒu guīlǜ.

③ 工作拖拖拉拉。Gōngzuò tuōtuolālā.

❹ **花钱没有节制。**Huā qián méiyǒu jiézhì.

④は「金遣いが荒い」という意味で，これが正解です。①は「やることがいいかげんである」，②は「生活のリズムが乱れている」，③は「仕事ぶりがだらだらしている」という意味です。

3 適当な語句を補います。読解力と語句の知識を問います。（各 2 点）

解答：(1) ❹　(2) ❹　(3) ❷　(4) ❸　(5) ❹　(6) ❶　(7) ❸　(8) ❶　(9) ❸　(10) ❷

(1) 你别（ 灰心 ），只要坚持不懈，就会成功的。
（気落ちしないで，あきらめずに頑張れば，きっとうまくいくはずだから。）

① 动心 dòngxīn　② 多心 duōxīn　③ 费心 fèixīn　❹ 灰心 huīxīn

①は「心を動かす」，②は「疑いを抱く」，③は「気を遣う」，④は「気落ちする」という意味で，「“别”＋動詞」は「…するな」という意味ですので，④が正解です。

(2) 我给他打了好几次电话，（ 结果 ）还是没打通。
（わたしは彼に何度も電話をかけたが，結局まだ電話は通じない。）

① 终止 zhōngzhǐ　② 结局 jiéjú　③ 终了 zhōngliǎo　❹ 结果 jiéguǒ

④は「結局」という意味で，これが正解です。①は「終止する」，②は「結末」，③は「終了する」という意味です。

(3) 做了进出口贸易工作以后，我才知道学好一（ 门 ）外语有多么重要。
（貿易の仕事をしてから，外国語を一つマスターすることがどんなに重要であるかようやく分かった。）

① 节 jié　❷ 门 mén　③ 份 fèn　④ 项 xiàng

量詞を選ぶ問題です。ここでは学科・技術などを数える②が正解です。①はいくつかの区切りに分けられるものを，③は組や揃いになったものを，④は事物の種類や項目を数えるときに用います。

(4) 小卖店一下子来了这么多客人，他一个人实在是忙不（ 过来 ）。（売店に急にこんなにたくさん客が来たので，彼一人では全く忙しくて手が回らない。）

① 起来 qǐlái　② 出来 chūlái　❸ 过来 guòlái　④ 上来 shànglái

③は「能力・数量などが十分である」ことを表し，“忙不过来”となり「忙しくて手が回らない」という意味になりますので，これが正解です。①は動作を開始し継続すること，②は内から外へ出ること，④は動作が下から上に向かって行われることを表すときに用います。

(5) 女儿正在（ 对 ）着镜子化妆。(娘は鏡に向かって化粧をしている。)

① 向 xiàng　② 朝 cháo　③ 往 wǎng　❹ 对 duì

介詞を選ぶ問題です。「…と向かい合って（…する)」という意味の④が正解です。①は「…に向かって（移動する)」，②は「(…の方に）向かって」，③は「…の方へ」という意味です。

(6)（ 与其 ）买一本词典，（ 不如 ）买一个电子词典。
(〔紙の〕辞書を買うよりも，むしろ電子辞書を買うほうがよい。)

❶ 与其…不如… yǔqí… bùrú…　② 无论…还是… wúlùn… háishi…
③ 假如…就… jiǎrú… jiù…　④ 尽管…也… jǐnguǎn… yě…

①は「…よりも，むしろ…」という意味で，これが正解です。②は「…にかかわらず，やはり…」，③は「もしも…なら，…」，④は「…だけれども…」という意味を表します。

(7) 学校为获得诺贝尔奖的教授举行了（ 隆重 ）的祝贺大会。
(学校はノーベル賞を受賞した教授のために盛大な祝賀会を挙行した。)

① 重大 zhòngdà　② 厚重 hòuzhòng
❸ 隆重 lóngzhòng　④ 雄厚 xiónghòu

祝賀会を修飾できるのは「盛大で厳かである」という意味を表す③なので，これが正解です。①は「重大である」，②は「重々しい」，④は「豊富である」という意味です。

(8) 这部电影是（ 根据 ）1912年4月发生的一起沉船事故改编的。
(この映画は1912年4月に起こった，ある船の沈没事故を脚色したものである。)

❶ 根据 gēnjù　② 沿着 yánzhe　③ 据说 jùshuō　④ 按着 ànzhe

①は「…に基づいて」という意味で，これが正解です。②は「…に沿って」，③は「…だそうだ」，④は「…に従って」という意味です。

⑼ 那个山的形状（ 好像 ）一匹马，所以叫白马山。
（あの山の形状は馬のようなので，白馬山と呼ばれる。）

① 似乎 sìhū　② 比如 bǐrú　❸ 好像 hǎoxiàng　④ 相似 xiāngsì

③は「似ている」という意味で，これが正解です。①は「…らしい」，②は「例えば」，④は「互いによく似ている」という意味です。

⑽ 第一次去南美洲旅行的时候，周围的一切都使我感到（ 新奇 ）。
（初めて南アメリカ大陸に旅行に行ったとき，周りのすべてが目新しく感じた。）

① 异同 yìtóng　❷ 新奇 xīnqí　③ 风趣 fēngqù　④ 逼真 bīzhēn

②は「目新しい」という意味で，これが正解です。①は「異なる点と同じ点」，③は「ユーモア」，④は「真に迫る」という意味です。

4 **500字程度の文章を読み，流れをつかんで適当な語句を補う4問，内容の理解を問う1問，日本語に訳す1問に答えます。語句の知識，読解力，日本語の翻訳力を問います。** （⑴～⑸各2点，⑹各5点）

解答：⑴❷　⑵❶　⑶❸　⑷❷　⑸❸　⑹⇨33頁

中国人一般都认为“热”对身体好。⑴不论 是南方，⑴还是 北方，家家都有热水瓶，一年四季，都要喝热水。吃东西的时候，也常常说：“⑵趁 热吃。”天气发生了变化，父母总是嘱咐孩子：“多穿点儿，别着凉。”可是欧美人却不是这样。

我在德国工作时，看到房东一家人全年都喝凉水，(a)女主人一年如一日地用刚从冰箱里拿出来的牛奶喂她3岁的女儿。去饭店吃饭，刚一坐下，服务员就会给你端来一杯凉水，有时还要放上冰块儿。这些在中国都是难以想象的。

对待热与冷的差异，在如何穿衣服上的反映也非常 ⑶明显。冬天我一般是穿羽绒服去学校，进教室后，脱了羽绒服穿着毛衣给留学生上课。可是美国的留学生们只在短袖T恤衫的外面套件夹克，有的女生还穿着裙子。一进教室，他们就脱掉夹克到处找遥控器，一个劲儿地喊：“太冷了！”要把温度调高些。看着他们全身发抖的样子，我好奇地问：“为什么不多穿点儿呢？”他们说：“少穿衣服更健康。”有趣的是，夏天他们一进教室也找遥控器，不停地喊：“太热了！”要把温度调低些。他们说：“冬天和夏天室内的温度一样的话，一年四季穿的衣服差不多，对健康有好处。”我问他们：“(b)不按季节调整衣服，而是靠空调调节温度，对环境怎么样呢？”他们都 (4)一言不发／闭口无言／默不作声 了。

訳：中国人は一般的に「熱さ」は身体によいと考えている。南方であれ，北方であれ，どの家庭にもポットがあるし，一年中お湯を飲む。物を食べるときは，よく「熱いうちに食べて」と言う。気候が変わると，両親は子どもに「たくさん着なさい，体を冷やさないように」と言う。しかし，欧米人はそうではない。

わたしがドイツで働いていたとき，大家さん一家が一年中冷たい水を飲んでいるのを目にした。(a)女主人は年がら年中冷蔵庫から出したばかりの牛乳を彼女の３歳の娘に飲ませていた。レストランに食事に行って，席に着くと従業員がお冷やを持って来るが，氷が入っているときもある。これらは中国では想像し難いことである。

暑さと寒さの差については，どのように服を着るかにもはっきり現れている。冬，わたしは普通ダウンコートを着て学校に行き，教室に入るとダウンコートを脱いで留学生に授業をする。しかしアメリカの留学生たちは半袖のＴシャツの上にジャケットを着ているだけだったり，女子学生はスカートをはいていたりする。教室に入ると，彼らはジャケットを脱いでリモコンを探し，「寒すぎる！」と叫ぶと温度を高くする。彼らのガタガタ震える様子を見ながら，興味津々に「なぜもっとたくさん着ないの？」と尋ねた。彼らは「薄着のほうがより健康的だから」と答えた。興味深いのは，夏も彼らは教室に入るとリモコンを探し，「暑すぎる」と叫び，温度を低く設定する。彼らは，「冬も夏も室内の温度が一緒であれば一年中着る服はほとんど同じで，健康によい」と言う。わたしは，「(b)季節によって服を調整せず，エアコンの温度調節に頼るのは，環境にとってどうなのでしょう」と尋ねた。彼らは一言も発せず，口を閉ざし，黙り込んだ。

(1) 空欄補充

① 不但…而且… búdàn…érqiě… ❷ 不论…还是… búlùn…háishi…
③ 即使…也… jíshǐ…yě… ④ 又…又… yòu…yòu…

このあとに“家家都有热水瓶”とあることから，「…であれ…であれ」という意味の②が正解です。①は「…ばかりでなく…も」，③は「たとえ…であっても」，④は「…であり，…でもある」という意味です。

(2) 空欄補充

❶ 趁 chèn　　② 乘 chéng　　③ 就 jiù　　④ 在 zài

“趁热吃”で「熱いうちに食べる」という意味になるので，「…のうちに」という意味の①が正解です。②は「…を利用して」，③は「…に添えて（食べる）」，④は「…で」という意味です。

(3) 空欄補充

① 明确 míngquè　② 明白 míngbai　❸ 明显 míngxiǎn　④ 显然 xiǎnrán

③は「はっきりしている」で，目に見えてはっきりと分かるという意味を含むので，これが正解です。①は「明確である」ではっきりとしていて移ろうことがないことを，②は「明らかである」であいまいさがないことを，④は「顕著である」で，容易に感じ取れることを意味します。

(4) 空欄補充（不適当）

① 一言不发 yìyán-bùfā　　❷ 冷言冷语 lěngyán-lěngyǔ

③ 闭口无言 bìkǒu-wúyán　　④ 默不作声 mòbúzuòshēng

②は「冷ややかなことばを吐く」という意味で，これが文意に沿わず，正解です。①は「一言も発しない」，③は「口を閉ざし何も言わない」，④は「黙り込む」という意味です。

(5) 内容の一致

① 中国饭店的服务员给顾客凉水的时候总放冰块儿。
（中国のレストランの従業員は客にお冷やを出すときいつも氷を入れる。）

② 欧美人一年四季只穿短袖 T 恤衫。
（欧米人は一年中半袖の T シャツしか着ない。）

❸ 人们对冷热和健康的关系看法不一致。
（人々の「暑さ寒さ」と健康の関係に対しての見方は一致していない。）

④ 对美国留学生来说，中国大学的教室里冬暖夏凉。（アメリカ人留学生にとって，中国の大学の教室の中は冬は暖かく夏は涼しい。）

第 1 段落では中国人は一般的に「熱さ」は身体によいと考えていること，第 2 段落では作者のドイツで経験したエピソードを述べ，「中国では想像し難い」と言っていることから，③が正解だと分かります。①は第 2 段落に“去饭店吃饭，刚一坐下，服务员就会给你端来一杯凉水，有时还要放上冰块儿。这些在中国都是难以想象的”とあることから，②は第3段落に“美国的留学生们只在短袖T恤衫的外面套件夹克”とあることから，④は同じ第3段落に，冬は“太冷了！”，夏は“太热了！”と言っていることから，本文の内容と一致しません。

(6) 中文日訳

(a)・(b)上記を参照

(a)“一年如一日”は「年がら年中」という意味で，後に“地”が続いていることから，その後続部分を修飾していることが分かります。“刚”は「…したばかりである」，“从冰箱里”は「冷蔵庫から」，“拿出来”は“拿”に“出来”という方向補語がつき「取り出す」という意味で，“喂”は「食べさせる」という意味です。

(b)“按”は「…に基づき，…に応じて」，“调整”は「調整する」という意味です。“不…而…”は「…せずして…する」という構造で，“调节”は「調節する」という意味です。“对…怎么样？”は「…にとってどうなのか」という意味になります。

5 **やや長めの文5題を中国語に訳します。日常で常用の語句，表現を用いて文を組み立てる能力を問います。** (各4点)

(1) わたしはまたカギを部屋に置き忘れてしまった。

我又把钥匙忘在房间里了。

「…を…する」は“把”構文「主語＋“把”＋目的語＋動詞」を用い，「また」はすでに行われた動作が繰り返し実現されたことを示す“又”を用います。

(2) もし何か問題があれば，いつでもお尋ねください。

如果有什么问题，请随时问。

「いつでもお尋ねください」は“请随时问”もしくは“请随时来问我”となります。

(3) きょうはわたしがごちそうしますので，食べたいものを食べてください。

今天我请客，你想吃什么就吃什么。

「ごちそうする」は“请客”を用います。「食べたいものを食べてください」は「何かを食べたければ，その何かを食べる」という形の疑問詞の呼応を用い，“想吃什么就吃什么”とします。

(4) この下にパスポートナンバーをご記入ください。
请您在这下面填写护照号码。

「パスポートナンバー」は“护照号码”で，表などに記入する場合の動詞は“填写”を用います。

(5) この本はすでに売り切れてしまっていて，どこへ行っても手に入りません。
这本书已经卖完了，（无论）去哪儿都买不到。

「売り切れる」は結果補語を用いて“卖完”と言います。“卖光”でもかまいません。「どこへ行っても手に入りません」は，「“（去）哪儿”＋“都／也”＋否定形」を用い，“去哪儿都／也买不到”とします。「たとえ…であろうが」という意味の“无论”を加えてもかまいません。

第101回

(2020年11月)

問　題

解答時間：計120分

配点：リスニング100点，筆記100点

解答と解説

リスニング （⇨解答と解説47頁）

03 **1** 1. (1)～(5)の A の発話に対する B の問いの答えとして最も適当なものを，①～④の中から1つ選びなさい。 (25 点)

04 (1)

① ② ③ ④

05 (2)

① ② ③ ④

06 (3)

① ② ③ ④

07 (4)

① ② ③ ④

08 (5)

① ② ③ ④

09 2. (6)〜(10)のＡとＢの対話を聞き，それに続くＡの発話として最も適当なものを，①〜④の中から１つ選びなさい。 (25 点)

10 (6)

① ② ③ ④

11 (7)

① ② ③ ④

12 (8)

① ② ③ ④

13 (9)

① ② ③ ④

14 (10)

① ② ③ ④

15 **2** 中国語を聞き，(1)～(10)の問いの答えとして最も適当なものを，①～④の中から1つ選びなさい。 (50点)

16 メモ欄

23

17

24

18 (1)

25 ① ② ③ ④

19 (2)

26 ① ② ③ ④

20 (3)

27 ① ② ③ ④

21 (4)

28 ① ② ③ ④

22 (5)

29 ① ② ③ ④

30
37

メモ欄

31
38

32 (6)

39 ①　②　③　④

33 (7)

40 ①　②　③　④

34 (8)

41 ①　②　③　④

35 (9)

42 ①　②　③　④

36 (10)

43 ①　②　③　④

筆　記 （⇨解答と解説57頁）

1 次の文章を読み，(1)～(10)の問いの答えとして最も適当なものを，①～④の中から1つ選びなさい。 (20点)

老钱和梅子四十年前是高中的同学，当时，梅子坐在前排，老钱坐在她侧后方。渐渐地，老钱发现了一个令他怦然心动的秘密：他总能和梅子温情的目光相遇。终于有一天，老钱鼓 [(1)] 勇气，颤抖着双手把写好的情书交给了梅子。

老钱怀着一颗忐忑不安的心，等待着梅子的回信。没想到，他等来的 [(2)] 是梅子的爸爸。梅子的爸爸一脸(3)严肃，对老钱说：“很感谢你喜欢我女儿，不过我要告诉你一件事，我家梅子患有一种比较特殊的眼病—斜视，不管她坐在哪里，侧后边的人一般都以为她在回头看他，其实并不是这样的。”听了这话老钱顿时大脑 [(4)] 空白， [(5)] 梅子对自己并没有意思……

这次谈话之后，老钱隐藏起了自己的情感，不再搜寻梅子的目光，把心思全都用在了学习上。高三时，梅子因为父母工作调动而离开了本市。梅子走后老钱失落了很久，也感叹了很久：如果不说，那双美丽的眼睛怎么看也 [(6)] 有病啊！

一转眼几年过去了。有一天梅子去眼科检查视力时，她一下就惊呆了，坐在那里的医生竟是老钱。老钱也很意外，他盯着梅子的眼睛激动地问：“梅子，你的眼病治得如何了？”

梅子听了哈哈大笑，“那是我爸怕影响我们学习，故意骗你的，其实我的眼睛根本就没病！”梅子接着说：“我爸无意中看到了你写给我的情书，说我们年龄还小，谈情说爱太早， [(7)] 不伤害你的自尊，我爸才故意说我有斜视的毛病来打消你的念头的。”

老钱听了梅子的话 [(8)] 高兴 [(8)] 有一点点失落。高兴的是他终于找到了梅子，高中毕业后，他一直在打听梅子的下落，可在那个没有手机、信息闭塞的年代，咫尺天涯并不奇怪。失落的是他要亲手为梅子治病的梦想落空了。从他听梅子的爸爸说梅子斜视那一刻起，老钱就下决心放弃考航天专业的理想而改成考医学院，他要亲手救治梅子和像梅子这样的人。

那次偶然的相遇又重新点燃起了两人心中的爱情火花。后来，老钱也知道了高中时自己［　(9)　］不是单相思，梅子的“斜视”也是为自己斜的。每当回忆起这些，老钱总是甜蜜地说：“有情人终成眷属。”

(1) 空欄(1)を埋めるのに適当なものはどれか。

① 起　② 出　③ 上　④ 来

(2) 空欄(2)を埋めるのに適当なものはどれか。

① 就　② 却　③ 还　④ 但

(3) 下線部(3)の正しいピンイン表記はどれか。

① yǎnxiù　② yánsù　③ yánxiù　④ yǎnsù

(4) 空欄(4)を埋めるのに適当なものはどれか。

① 一部　② 一张　③ 一面　④ 一片

(5) 空欄(5)を埋めるのに適当なものはどれか。

① 从来　② 本来　③ 原来　④ 以来

(6) 空欄(6)を埋めるのに適当なものはどれか。

① 看不起　② 看不出　③ 看不懂　④ 看不见

(7) 空欄(7)を埋めるのに適当なものはどれか。

① 为了　② 因为　③ 由于　④ 便于

(8) 2か所の空欄(8)を埋めるのに適当なものはどれか。

① 越…越…　② 又…又…　③ 或者…或者…　④ 一边…一边…

(9) 空欄(9)を埋めるのに適当なものはどれか。

① 并　② 再　③ 虽然　④ 而且

⑽ 本文の内容と**一致しないもの**はどれか。

① 老钱为了梅子而改换了高考志愿。

② 老钱的梦想是要为梅子治好眼病。

③ 老钱和梅子最后终于走到了一起。

④ 其实上高中时梅子并不喜欢老钱。

2 1. ⑴～⑸の中国語①～④の中から，正しいものを1つ選びなさい。 (10点)

⑴ ① 小明公园跑进去玩儿了和朋友。

② 小明跑进去公园和朋友玩儿了。

③ 小明跑进公园和朋友玩儿去了。

④ 小明进公园去跑和朋友玩儿了。

⑵ ① 你今天写作业得怎么这么快啊?

② 你今天作业怎么写得这么快啊?

③ 今天你怎么作业这么快写得啊?

④ 今天你得作业怎么写这么快啊?

⑶ ① 回家后他马上把衣服挂在墙上了。

② 回家后他把衣服马上在墙上挂了。

③ 他回家后把在墙上马上挂衣服了。

④ 他回家后马上衣服把在墙上挂了。

⑷ ① 我后来也没跟他再见面过。

② 后来我也再没见面过跟他。

③ 我后来再也没跟过他见面。

④ 后来我再也没跟他见过面。

⑸ ① 没想到你比他的个子还高一些。
② 没想到你的个子比他还一些高。
③ 没想到你的个子还高一些比他。
④ 没想到个子你还比他的一些高。

2. ⑹～⑽の中国語の下線部の意味として最も適当なものを，①～④の中から１つ選びなさい。 (10点)

⑹ 他没有其他缺点，就是有点喜欢吹牛。
① 说大话　② 爱说谎　③ 开玩笑　④ 乱花钱

⑺ 小李点子最多，你去找他吧。
① 部下　② 存款　③ 主意　④ 房产

⑻ 小王的女朋友是一位白衣天使。
① 医生　② 美发师　③ 厨师　④ 护士

⑼ 说起唱歌来他唱得可真是呱呱叫。
① 嗓门大　② 非常好　③ 很有名　④ 很难听

⑽ 你别跟那些不三不四的人来往。
① 不正派　② 不认真　③ 没礼貌　④ 没水平

3 ⑴～⑽の中国語の空欄を埋めるのに最も適当なものを，①～④の中から１つ選びなさい。 (20点)

⑴ 你今天怎么这么没（　　　），哪里不舒服吗？
① 精明　② 精神　③ 神气　④ 元气

⑵ 他跟公司（　　　）了，要到下周三才能来上班。
① 请假　② 放假　③ 休假　④ 病假

⑶ 今天我请客，你别（　　　），想吃什么就点什么吧。
① 大气　② 小气　③ 争气　④ 客气

⑷ 你们才认识几天，你真的（　　　）她的为人吗？
① 明知　② 见解　③ 了解　④ 知情

⑸ 明天路上可能会堵车，你们最好（　　　）出门。
① 先前　② 提前　③ 当前　④ 从前

⑹ 这件事，她嘴上是（　　　）了，但一直没有实际行动。
① 回答　② 答话　③ 答应　④ 报答

⑺ 这家店的小吃，（　　　）生煎包、馄饨、烧卖什么的，我觉得味道都不错。
① 比如　② 假如　③ 如果　④ 如此

⑻ 自从爷爷用（　　　）了智能手机，每天都跟我视频聊天儿。
① 来　② 到　③ 下　④ 上

⑼ 他的爱好很（　　　），唱歌、跳舞、画画儿、摄影等他样样都喜欢。
① 广大　② 广泛　③ 宽大　④ 宽广

⑽（　　　）你们都不告诉我，我（　　　）知道事情的前因后果。
① 即使…也…　② 无论…都…　③ 虽然…但是…　④ 不是…而是…

4 次の文章を読み，(1)～(5)の問いの答えとして最も適当なものを，①～④の中から1つ選びなさい。また，下線部(a)・(b)を日本語に訳しなさい。 (20点)

昨天我去逛超市，一个年轻的妈妈和她的女儿引起了我的注意。小女孩儿看上去最多有4岁，但是说话很利索。在超市门口，妈妈对孩子说："你准备好的购物单呢？你就 [(1)] 单子开始选吧！"我当时就想，这么小的孩子会选什么啊？但是当我看到小女孩儿蹦蹦跳跳地拿着纸条跑到牛奶柜台的时候，我很快就发现 [(2)]！(a)小女孩儿在乳制品专柜那儿一边一本正经地看牛奶的标签，一边奶声奶气地跟她妈妈解释，这是牛奶，那是酸奶，最后她选好牛奶，让妈妈帮她把牛奶放到了购物车里。接着小女孩儿又去买了水彩笔。后来她又看着"购物单"买了酱油、盐等生活用品，还给自己挑了个小熊造型的水壶。我一直在远处看着母女俩，她妈妈基本没有帮助孩子，只是当孩子遇到标签上不认识的字问她时她才回答孩子的问题，但是好像超市里面的字，没有几个是这个小孩不认识的。

最后结账的时候，小女孩儿看到收银台旁边的货柜上放着一种糖，她跟妈妈说她想买。糖不贵，包装非常可爱，上面写着"劲嚼充气糖"。(b)开始我还以为她妈妈会满足孩子的要求呢，没想到她妈妈的话让我大吃一惊，她说："首先，我们今天并没有打算买这种糖，买了这个就超出我们的预算了。[(3)]，包装上的这五个字你都认识吗？如果认识，妈妈就奖励给你。"小女孩儿小声说前面两个字不认识，妈妈就耐心地教了她，然后说："你记住了，下次来超市，如果你还记得这两个字，我就给你买！"小女孩儿很听话地点了点头。

这个小女孩儿只有4岁，不但认识那么多字，有能力选择自己想要的东西，而且还听话、懂道理，真是不 [(4)]！这一切都应归功于她妈妈的教育方式，所以，天才不是天生的，是培养出来的！

(1) 空欄(1)を埋めるのに適当なものはどれか。

① 按照　② 仿照　③ 执照　④ 写照

(2) 空欄(2)を埋めるのに適当なものはどれか。

① 我对了　② 我错了　③ 她错了　④ 她对了

(3) 空欄(3)を埋めるのに適当なものはどれか。

① 下次　② 另外　③ 其他　④ 一边

(4) 空欄(4)を埋めるのに適当なものはどれか。

① 简单　② 普通　③ 通常　④ 众多

(5) 本文の内容と**一致しないもの**はどれか。

① 小女孩儿没有因为妈妈没买糖而生气。

② 在孩子的成长过程中父母的教育很重要。

③ 整个购物过程都是在妈妈的帮助下进行的。

④ 妈妈和女儿事先就计划好要买什么了。

(6) 下線部(a)・(b)を日本語に訳しなさい。

5 (1)〜(5)の日本語を中国語に訳しなさい。

(漢字は崩したり略したりせずに書き，文中・文末には句読点や疑問符をつけること。)(20点)

(1) こんなにたくさんの宿題，わたしは一日でやり終えられません。

(2) 彼が話す事を聞いて，わたしたちはおなかが痛くなるほど笑いました。

(3) おじいさんはエアコンをつけて寝るのにあまり慣れていません。

(4) 田中さんはわたしに中国語で手紙を書く手助けをしてくれと言います。

(5) 他の人が何と言おうと，彼女はこのようにするのだ。

リスニング （⇨問題36頁）

1

解答：(1)❷　(2)❶　(3)❹　(4)❶　(5)❸　(6)❶　(7)❷　(8)❹　(9)❸　(10)❶

1．Aの発話に対するBの問いの答えを選びます。日常会話の一言を聞き取り，素早く状況をつかむ能力を問います。 （各5点）

04 (1) A：小王，你的这篇文章题材不错，就是太长了，你改改吧。（王さん，君のこの文章の題材はよいけれど，長すぎるから，ちょっと書き直しなさい。）

B：说话人是什么意思？（話し手の言っていることはどういう意味か。）

① 认为小王的文章把题材选错了。
（王さんの文章は題材を間違って選んでいる。）

❷ 认为小王写的文章字数太多了。
（王さんが書いた文章は字数が多すぎる。）

③ 要求小王把文章改得再长一些。
（王さんに文章をもっと長くすべきだと求めている。）

④ 要求小王把写错的字修改一下。
（王さんに書き間違えた字を直すように求めている。）

05 (2) A：昨天的会议我不是没参加，是家里有事儿早走了一会儿。
（きのうの会議にわたしは参加しなかったのではなく，家で用事があったのでちょっと先に帰ったのです。）

B：说话人是什么意思？（話し手の言っていることはどういう意味か。）

❶ 她家里有事儿，会没开完就离开了。
（彼女は家で用事があったので，会議が終わらないうちに帰った。）

② 她家里有事儿，没去参加昨天的会议。
（彼女は家で用事があったので，きのうの会議に参加しなかった。）

③ 她做完家里的事儿，很早就去开会了。
（彼女は家の用事を片づけてから，早くに会議に行った。）

④ 她开完会回家后做了一会儿家务。
（彼女は会議が終わって帰宅してから少し家事をした。）

06 (3) A：这件事我该做的都做了，怎么决定就看老李他们了。（この件，わたしがすべきことは全部やったので，どう決めるのかは李さんたちに任せます。）

B：说话人是什么意思？（話し手の言っていることはどういう意味か。）

① 这件事都是她做的，跟老李他们没关系。
（この件はすべて彼女がやり，李さんたちとは関係がない。）

② 对于这件事她想问问老李他们的意见。
（この件に関して，彼女は李さんたちの意見をちょっと聞いてみたい。）

③ 她觉得她该做的事是去看看老李他们。
（彼女がすべきことは李さんたちにかかっていると考えている。）

❹ 对于这件事她没有最后的决定权。
（この件に関して，彼女には最終的な決定権がない。）

07 (4) A：爸，你怎么不先打个电话，说来就来了，我要是出差了怎么办呀？
（お父さん，なぜ先に電話を一本もせずに，来ると言ったらすぐ来たの？もしわたしが出張していたらどうするの？）

B：说话人是什么意思？（話し手の言っていることはどういう意味か。）

❶ 对爸爸的突然到来感到很意外。
（父親の突然の訪問に対して思いがけないと感じている。）

② 对没能去车站接爸爸感到过意不去。
（駅に父親を迎えに行けなかったので申し訳ないと感じている。）

③ 自己要出差了，不知道该怎么安排爸爸。（自分は出張に行かなければならないので，父親の面倒をどう見ればいいのか分からない。）

④ 认为爸爸应该给自己打个电话再去出差。
（父親は自分に電話をしてから出張に行くべきだと考えている。）

08 (5) A：难怪田中的英语说得那么好，今天才知道原来他妈妈是美国人。
（道理で田中くんは英語があんなにも上手なわけだ，きょうやっと分かったがお母さんはアメリカ人だったんだ。）

B：说话人是什么意思？（話し手の言っていることはどういう意味か。）

① 说话人今天才知道田中的英语说得非常好。
（話し手はきょうやっと田中くんの英語が非常に上手なことを知った。）

② 说话人对田中的妈妈是美国人感到非常奇怪。（話し手は田中くんのお母さんがアメリカ人だということを非常に不思議に思っている。）

❸ 说话人知道了田中的英语说得那么好的原因。
（話し手は田中くんの英語がなぜあんなに上手なのかの原因が分かった。）

④ 田中的妈妈原来是美国人，现在变成日本人了。（田中くんのお母さんはもともとアメリカ人であったが，現在は日本人になった。）

2. AとBの対話に続くAのことばを選びます。日常会話の短い対話を聞き取り，素早く状況をつかんで反応する能力を問います。 （各5点）

10 (6) A：你好！我想订一张周六上午去北京的机票。
（すみません！土曜日午前の北京行きの航空券を1枚予約したいのですが。）

B：对不起，这个周六、周日全天都没票了。
（申し訳ございません，この土曜，日曜のはすべて売り切れました。）

A：**❶ 那下周一最早的航班还有票吗?**
（では来週の月曜の一番早いフライトはまだチケットがありますか。）

② 那就订一张星期天晚上的吧。（では日曜日の夜のを1枚予約します。）

③ 没关系，我朋友已经帮我买好票了。（かまいません，友達がすでにわたしのためにチケットを買ってくれました。）

④ 没关系，我正好这个周末也没时间出门。
（かまいません，わたしはちょうどこの週末も出かける時間がありません。）

11 (7) A：老张，怎么好久都没见到你了，忙什么呢?
（張さん，なぜか長い間見かけていませんが，どうしていたの？）

B：被公司派到欧洲出了两个月差，前天刚回来。（会社の出張でヨーロッパに2か月出かけていて，おととい帰って来たばかりです。）

A：① 是吗? 明天就要出差啊，路上多保重！
（そうですか，あしたから出張ですか，道中どうぞ気を付けてください。）

❷ 是吗? 那你先休息休息，哪天一起吃个饭吧。
（そうですか，ではまず休んで，いつか一緒に食事をしましょう。）

③ 出差很累吧? 你看起来比上星期瘦多了。
（出張はとても疲れたでしょう？先週よりもずっと痩せたようですね。）

④ 你又要去欧洲出差啊? 什么时候出发?
（またヨーロッパに出張に行かなければいけないの？いつ出発ですか。）

12 (8) A：师傅，麻烦您能开快点儿吗? 我赶时间。（運転手さん，すみませんがちょっと急いでもらえませんか。急いでますから。）

B：现在很堵。路不远了，你在这儿下车走着去，行吗? （今は渋滞しています。すぐ先ですから，ここで降りて歩いて行ってもらえますか。）

A：① 这么快就到了，真的太感谢您了。
（こんなに速く着いて，本当に感謝します。）

② 没关系。我不着急，您慢慢开吧。
（かまいません。急ぎませんから，ゆっくり運転してください。）

③ 您开得太快了，我有点儿受不了。
（運転が速すぎるので，ちょっとたまりません。）

❹ 从这儿走着去需要多长时间啊？
（ここから歩いたらどれくらい時間がかかりますか。）

13 (9) A：一共八百八，您刷卡还是手机支付？
（全部で 880 元です，カードですか，それともスマホで支払いますか。）

B：你们这里能用现金吗？（こちらでは現金は使えますか。）

A：① 我们这里的营业时间到晚上八点半。
（わたしどもの営業時間は夜 8 時半までです。）

② 这么点儿东西就要八百八，太贵了。
（こんなものが 880 元もするなんて，高すぎます。）

❸ 现金的话要到对面的收银台付款。
（現金でしたら向かいのレジでお支払いください。）

④ 刷卡太方便了，我现在都不带现金了。
（カードはとても便利なので，今では現金を持たなくなりました。）

14 (10) A：都快十二月了，还这么热，真是太不正常了。
（もうすぐ 12 月だというのに，まだこんなに暑くて，本当に異常です。）

B：不过天气预报说后天就要开始降温了。
（でも天気予報ではあさってから気温が下がり始めるらしいですよ。）

A：**❶ 也该冷了。我记得去年这个时候都已经下雪了。**
（寒くなるはずだよ。去年の今ごろはもう雪が降っていたと思いますよ。）

② 天气预报说这样的天气还要持续一段时间呢。
（天気予報によるとこんな天気があとしばらく続くそうです。）

③ 气温不正常吗？每年这个时候不都是这么热吗？
（気温が異常ですか。毎年この時期はこんなにも暑くないですよね？）

④ 你没听天气预报吗？说是后天天气开始变冷。（天気予報を聞いていないの？あさってから天気は寒くなり始めると言っていました。）

2 500字程度の2つの文章を聞き，内容についての問い5問ずつに答えます。ポイントとなる内容を聞き取り，全体の趣旨をつかむ能力を問います。(各5点)

解答：(1) ❸　(2) ❸　(3) ❶　(4) ❸　(5) ❹　(6) ❹　(7) ❶　(8) ❷　(9) ❶　(10) ❸

(1)～(5)の中国語

16 这是一所著名大学毕业考试的最后一天。这次考试结束后，接下来就是毕业典礼了。在一间大教室里，一群建筑系的大四学生坐在一起，有说有笑，非常轻松地等待着几分钟后就要开始的考试。这个班的大部分同学已经找到了工作，还有少数人打算考研究生继续深造。大学四年的努力学习让他们对未来充满了信心，觉得以自己的能力完全可以征服外面的世界。

17 对即将进行的考试，他们也个个充满了信心，因为教授说他们可以带教科书、参考书和笔记，只要求他们考试时不要说话。等教授把考卷发下去，学生脸上都露出了笑容，因为考卷上只有5道题，他们平时的考试题目至少要有15道题呢。三个小时过去了，教授开始收卷。学生们没有一个人说话，脸上都露出了不安的表情。教授手里拿着考卷，看着面前学生们担心的面容，问道："有谁把5个问题全答完了？"没有人举手。"有几个人答完了4个？"仍旧没有人举手。"3个？""2个？"学生们在座位上不安起来。"那么1个呢？一定有人做完了1个吧？"全班学生仍保持沉默。

教授放下手中的考卷说："这正是我预料中的。我只是要加深你们的印象，即使你们已经完成了四年的大学课程，也仍旧有许多实际的问题你们不知道怎么解答。这些你们不能回答的问题，在日常的实际工作中是非常普遍的。"接着教授又笑着说下去："这个科目你们都会及格，但要记住，虽然你们马上就大学毕业了，但你们进入社会的学习才刚刚开始。"

訳：ある有名大学の卒業試験の最終日のことでした。今回の試験が終わると，続いては卒業式です。大教室の中で建築学科の4年生たちが一緒に座り，しゃべったり，笑ったりして非常にリラックスしてあと何分後かに始まる試験を待っています。このクラスの大部分の学生はすでに仕事が決まり，その他の数人は大学院を受験してさらに学問を深めるつもりです。大学4年間努力して学んだということが彼らに未来に対する自信を満ちあふれさせ，自分の能力で完全に外の世界を征服できるだろうと思っています。

まもなく始まる試験に対しても，彼らはそれぞれ自信満々で，試験のときに話だけはできないが，教科書，参考書，ノートを持ち込んでよいと教授が言っていたからです。教授が答案用紙を配ると，学生の顔に笑みがこぼれました。答案用紙にはたった5題だけ，日頃の試験は少なくとも15題はあったからです。3時間が経過し，教授は答案用紙を集め始めました。学生たちは誰一人話をせず，顔には不安な表情が現れていました。教授は答案用紙を手に持ち，目の前の学生たちの不安な顔つきを見て，「誰か5題すべて解答できたかね？」と尋ねましたが誰も手を挙げません。「何人が4題解答できたかな？」やはり誰も手を挙げません。「3題は？」「2題は？」学生たちは席に着いたまま不安になり始めました。「では1題は？きっと誰か1題はできただろう？」クラス全員が沈黙したままでした。

教授は手の中の答案用紙を置いて，「これはわたしの想定内のことだよ。わたしはただ君たちの印象を深くしたいだけなのだが，たとえ君たちがもう4年間の大学の課程を終えたとしても，多くの実際的な問題に，君たちはどう解答すればいいのか分からない。これら君たちが解答できない問題は，日常の実際の仕事においては非常に一般的なことなのだ」と言いました。続けて教授は笑いながら，「この科目は君たち全員が合格するだろう，しかししっかりと覚えていてほしい，君たちはもうすぐ大学を卒業するが，君たちが社会に入る勉強は始まったばかりなのだ」と言いました。

18 ⑴ 問：同学们在大教室里准备做什么？
（学生たちは大教室で何をするつもりか。）

答：① 讨论怎么找到好工作。
（どのようによい仕事を見つけるかについて討論する。）
② 布置毕业典礼的会场。（卒業式会場の飾りつけをする。）
❸ 参加大学的毕业考试。（大学の卒業試験を受ける。）
④ 参加学校的研究生考试。（学校の院生の試験を受ける。）

19 ⑵ 問：看到考试题后同学们为什么都笑了？
（試験問題を見て学生たちはなぜみな笑ったのか。）

答：① 因为考试时可以看参考书。（試験中に参考書を見てもよいから。）
② 因为考试时可以互相商量。（試験中に互いに相談してもよいから。）
❸ 因为考试题数量比平时少很多。
（問題数がふだんよりもずっと少ないから。）
④ 因为只有15道考试题。（問題が15題だけだったから。）

20 (3) 問：有几个同学把考试题全答完了？（何人の学生が問題を全部解答したか。）

答：❶ **没有。**（1人もいない。）　② 一个。（1人。）

③ 两个。（2人。）　④ 三个。（3人。）

21 (4) 問：这次考试考了多长时间？（今回の試験はどれくらいの時間であったか。）

答：① 一个小时。（1時間。）　② 两个小时。（2時間。）

❸ **三个小时。**（3時間。）　④ 四个小时。（4時間。）

22 (5) 問：与本文内容相符的是以下哪一项？

（本文の内容と一致するものは，次のどれか。）

答：① 班里的同学毕业后都打算去工作。

（クラスの学生は卒業後みな働きに行くつもりだ。）

② 考试前同学们很担心自己不及格。

（試験前に学生たちは自分は不合格ではないかと心配した。）

③ 对这次考试的结果老师感到很意外。

（今回の試験結果に対して，先生は意外に感じた。）

❹ **这次考试班里没有不及格的同学。**

（今回の試験はクラスの誰も不合格にならない。）

(6)～(10)の中国語

30 上个月我去纽约看望朋友大卫，下了飞机，以为他会开车来接我。没想到，他带着我一起挤地铁回家。我问大卫："美国人几乎人人有车，你为什么不开车来？"大卫说："纽约的公共交通系统非常发达，除了周末远距离的郊游，平时开私家车的人并不多，出行的主要方式还是公交车和地铁。"大卫的话让我感到非常意外。这完全改变了我对美国人日常用车的认识。我在国内上班的单位离家不到两公里，但我也天天开车上下班。

在纽约的那段时间，我发现美国人除了自觉不开车上下班外，市政府包括很多公司都有"不能开车上班"的规定。大卫所在的公司虽然没有禁止开车上下班，但规定，只要员工不开车上下班，每人每天能得到三美元的补助。公司执行该规定后，员工都利用公共交通工具上下班，这大大减少了汽车废气的排放量。

31 如果有人一定要开车上下班，美国公司通常不为员工提供免费的停车场，每小时十到一百美元不等的停车费必须由自己负担。在纽约，一旦被发现违章停车，除了扣分外，还需缴纳高额罚款；如果六个月内违章停车两次，驾驶执照还将被扣三个月。同时，纽约市内的黄金地段都没有停车场。停车位难找也是成功“阻止”美国人开车上下班的原因之一。

不让开车上下班，那纽约的公共交通能应付得过来吗？纽约市政府早在上个世纪八十年代末就实行了弹性工作制，弹性工作制是指员工可以自己安排上下班时间，比如一个职工早上五点半到公司上班，下午两点半就可以离开公司，这就能有效地避开上下班高峰时段的拥挤。

訳：先月わたしはニューヨークに友人のデービッドを訪ねに行った。飛行機を降りたら，彼は車で迎えに来てくれるとばかり思っていたが，なんと彼はわたしを連れて混み合った地下鉄で家に帰った。わたしはデービットに「アメリカ人はほとんどみんな車を持っているのに，なぜ車で来なかったんだい？」と尋ねた。デービッドは「ニューヨークの公共交通システムは非常に発達しているので，週末に郊外にピクニックに行く以外は，ふだんマイカーを運転する人はそんなに多くなくて，出かけるときの主な手段はやはりバスと地下鉄だね」と言った。デービットの話はわたしに非常に意外だと感じさせた。これでアメリカ人が日常車を使うことに対するわたしの認識が完全に覆った。わたしが国内で勤めている職場は家から2キロもないが，毎日車で通勤している。

続くニューヨークでの滞在で，わたしはアメリカ人が自発的に車通勤しない以外に，市役所をはじめ多くの会社は「車で通勤しない」という規定があることを発見した。デービットの会社は車通勤を禁止してないが，従業員が車通勤をしなければ，1人当たり毎日3ドルの補助をもらえると規定している。会社がこの規則を実施してから従業員はみな公共交通機関を利用して通勤し，これが大いに車の排気ガスの排出量を減少させた。

もし絶対に車通勤をするという人がいるならば，一般的なアメリカの会社は通常は従業員のために無料の駐車場を提供することはしないだろうから，毎時間10～100ドルのまちまちの駐車料金は自分で負担しなければいけない。ニューヨークでは駐車違反が見つかれば，点数を引かれる以外に，高額な罰金も納めなければならない。6か月以内に2回駐車違反をしたら，3か月間免停となる。同時にニューヨーク市内の一等地にはみな駐車場がない。駐車スペースを探すのが難しいことも，アメリカ人が車通勤をやめるのに「成功した」原因の一つである。

車通勤をしないようにというのであれば，ではニューヨークの公共交通はそれに対応できるのだろうか。ニューヨーク市は早くも前世紀の80年代末にフレックス制を実施している。フレックス制とは従業員が自分で出勤・退勤時間を調整できることを指す。例えばある従業員は朝5時半に出社すれば，午後2時半には会社を離れることができ，これで有効的に通勤のラッシュアワーの混雑を避けることができるのである。

32 (6) 問：什么事让作者感到非常意外？（何が作者を非常に意外に感じさせたのか。）

答：① 朋友六个月内两次违章停车。
（友人が6か月以内に2回駐車違反をしたこと。）

② 纽约发达的公共交通系统。
（ニューヨークの発達した公共交通システム。）

③ 下飞机后坐朋友的车回家。
（飛行機を降りてから，友人の車に乗って帰ったこと。）

❹ 纽约人平时的出行方式。（ニューヨーカーの日常の出かける手段。）

33 (7) 問：大卫的公司有什么规定？（デービットの会社にはどんな規定があるか。）

答：**❶ 员工不开车上班可以得到经济补助。**
（従業員が車通勤をしなければ，経済的な補助が得られる。）

② 公司里的所有员工平时都不能开车上下班。
（全従業員はふだん車通勤をしてはいけない。）

③ 开车上班的员工每月能拿到三美元的交通费。
（車通勤の従業員は毎月3ドルの交通費をもらえる。）

④ 公司员工不能开废气排放量大的汽车上下班。
（従業員は排気量が大きい車で通勤してはいけない。）

34 (8) 問：如果有人一定要开车上下班，美国公司一般会怎么做？（もし絶対に車通勤をしたいという人がいれば，アメリカの会社は一般的にどうするか。）

答：① 给员工提供免费停车场。（従業員に無料の駐車場を提供する。）

❷ 让员工自己缴纳停车费。（従業員に自分で駐車料金を納めさせる。）

③ 公司给员工负担停车费。（会社が従業員の駐車料金を負担する。）

④ 给员工一定的停车费补助。（従業員に一定の駐車料金の補助をする。）

35 (9) 問：弹性工作制指的是什么？（フレックス制とは何を指すか。）

答：**❶ 员工可以自己决定上下班时间。**
（従業員が自分で出勤・退勤時間を決められる。）

② 员工一定要五点半来公司上班。
（従業員は必ず5時半に出社しなければならない。）

③ 员工两点半就可以下班回家。

（従業員は２時半には退社して家に帰れる。）

④ 员工不能在高峰拥挤时段上下班。

（従業員はラッシュアワーの時間帯に出勤してはいけない。）

36 ⑽ 問：与本文内容不相符的是以下哪一项？

（本文の内容と一致しないものは，次のどれか。）

答：① 在纽约半年内违章停车两次就会被扣驾照。

（ニューヨークでは半年以内に２回駐車違反をしたら免許停止となる。）

② 在纽约市内的黄金地段政府不设置停车场。

（ニューヨーク市内の一等地には市は駐車場を設置しない。）

❸ **在纽约只有市政府允许工作人员开车上班。**

（ニューヨークでは市役所だけがスタッフの車通勤を許可している。）

④ 周末远距离郊游时美国人会开私家车出门。（週末に郊外へピクニックに行くときにはアメリカ人はマイカーで出かける。）

筆　記 （⇨問題40頁）

1 600字程度の文章を読み，流れをつかんで適当な語句を補う８問，正しいピンインを選ぶ１問，内容の理解を問う１問に答えます。語句の知識と読解力を問います。（各２点）

解答：(1) ❶　(2) ❷　(3) ❷　(4) ❹　(5) ❸　(6) ❷　(7) ❶　(8) ❷　(9) ❶　(10) ❹

老钱和梅子四十年前是高中的同学，当时，梅子坐在前排，老钱坐在她侧后方。渐渐地，老钱发现了一个令他怦然心动的秘密：他总能和梅子温情的目光相遇。终于有一天，老钱鼓 (1)起 勇气，颤抖着双手把写好的情书交给了梅子。

老钱怀着一颗忐忑不安的心，等待着梅子的回信。没想到，他等来的 (2)却 是梅子的爸爸。梅子的爸爸一脸(3)严肃 yánsù，对老钱说：“很感谢你喜欢我女儿，不过我要告诉你一件事，我家梅子患有一种比较特殊的眼病——斜视，不管她坐在哪里，侧后边的人一般都以为她在回头看他，其实并不是这样的。”听了这话老钱顿时大脑 (4)一片 空白， (5)原来 梅子对自己并没有意思……

这次谈话之后，老钱隐藏起了自己的情感，不再搜寻梅子的目光，把心思全都用在了学习上。高三时，梅子因为父母工作调动而离开了本市。梅子走后老钱失落了很久，也感叹了很久：如果不说，那双美丽的眼睛怎么看也 (6)看不出 有病啊！

一转眼几年过去了。有一天梅子去眼科检查视力时，她一下就惊呆了，坐在那里的医生竟是老钱。老钱也很意外，他盯着梅子的眼睛激动地问：“梅子，你的眼病治得如何了？”

梅子听了哈哈大笑，“那是我爸怕影响我们学习，故意骗你的，其实我的眼睛根本就没病！”梅子接着说：“我爸无意中看到了你写给我的情书，说我们年龄还小，谈情说爱太早， (7)为了 不伤害你的自尊，我爸才故意说我有斜视的毛病来打消你的念头的。”

老钱听了梅子的话 (8)又 高兴 (8)又 有一点点失落。高兴的是他终于找到了梅子，高中毕业后，他一直在打听梅子的下落，可在那个没有手机、信息闭塞的年代，咫尺天涯并不奇怪。失落的是他要亲手为梅子治病的梦想落空了。从他听梅子的爸爸说梅子斜视那一刻起，老钱就下决心放弃考航天专业的理想而改成考医学院，他要亲手救治梅子和像梅子这样的人。

那次偶然的相遇又重新点燃起了两人心中的爱情火花。后来，老钱也知道了高中时自己 (9)并 不是单相思，梅子的“斜视”也是为自己斜的。每当回忆起这些，老钱总是甜蜜地说：“有情人终成眷属。”

訳：老銭と梅子は40年前高校の同級生で，当時，梅子が前の列に座り，老銭は彼女の斜め後ろに座っていました。しだいに老銭は胸をどきどきさせるある秘密に気付きました。それは彼はいつも梅子の温かい眼差しと出会うのでした。ついにある日，老銭は勇気を出して両手を震わせながら書いたラブレターを梅子に渡しました。

老銭はびくびくした心持ちで梅子の返信を待っていました。思いがけないことに，彼が待っていてやってきたのは（梅子でなくて）父親でした。梅子の父親は厳粛な顔つきで老銭に「君が娘を好きだということはありがたいのだが，君に言っておかなければならないことがある。うちの梅子はわりと特殊な目の病気—斜視で，彼女がどこに座っていても，斜め後ろの人はたいてい梅子が振り返って見ているように思うのだが，実はそうではないのだよ」と言いました。この話を聞いて老銭は急に頭が真っ白になった。なんだ梅子は自分に対してその気はなかったのか……。

この話のあと，老銭は自分の感情を隠し，二度と梅子の視線を探さず，頭をすべて勉強に使いました。高3のとき，梅子は両親の仕事の異動のために地元を離れました。梅子が行ってしまったあと，老銭は長く落ち込み，長く嘆きました。言われなければ，あの美しい目はどう見ても病気には見えない！

あっという間に数年が過ぎました。ある日，梅子は眼科に視力検査に行ったとき，唖然としました。そこに座っていた医者はなんと老銭だったのです。老銭も思いがけず，彼は梅子の目をじっと見つめて「梅子，君の目の治療はどうなんだい？」と興奮して尋ねました。

梅子はそれを聞いて大笑いし，「あれは父がわたしたちの勉強に差し障りがあるから，わざとあなたをだましたのよ。実はわたしの目は全く病気ではないのよ！」梅子は続けて，「父はたまたまあなたがわたしに書いたラブレターを読んで，わたしたちはまだ若いので，恋愛は早すぎると言ったの。あなたの自尊心を傷つけないために，父はわざとわたしが斜視だと言ってあなたの思いを消したのよ。」

老銭は梅子の話を聞いてうれしくもあり，ちょっとがっかりもしました。うれしかったのはついに梅子を見つけたことで，高校卒業後，彼はずっと梅子の消息を尋ねていましたが，携帯電話がなく，情報が閉ざされた時代では，すぐ近くにいながら会うことができないことなど不思議ではありませんでした。がっかりしたのは彼が自分の手で梅子の病気を治すという夢が絶たれてしまったからです。彼は梅子の父親から梅子は斜視だと聞いたときから宇宙専攻の学科を受ける夢を捨て，医学校を受ける決心をし，自らの手で梅子や梅子のような人を救いたいと思ったのです。

その偶然の巡り合いは再び二人の心中の愛情の火花を燃やしました。その後，老銭は高校のときは決して自分の片思いではなく，梅子の「斜視」は自分のために斜めに向いていたことも知りました。これらを思い出すたびに，老銭はいつも「縁がある恋人たちは最後には結ばれる」と幸せそうに言います。

(1) 空欄補充

❶ 起 qǐ　② 出 chū　③ 上 shàng　④ 来 lái

方向動詞の問題です。①は「動作とともに現れ，そのまま持続する」，②は「中から外へ出る」，③は「高所や一定の目標・程度に到達する」，④は「話者の方や話題の中心に近づく」ことを表します。後ろの“勇气”と組み合わせて“鼓起勇气”（勇気を奮い起こす）となります。

(2) 空欄補充

① 就 jiù　❷ 却 què　③ 还 hái　④ 但 dàn

副詞の問題です。“没想到”がヒントです。話し手の予想に反することを表す②が正解です。

(3) ピンイン表記

① yǎnxiù　❷ yánsù　③ yánxiù　④ yǎnsù

(4) 空欄補充

① 一部 yí bù　② 一张 yì zhāng　③ 一面 yí miàn　❹ 一片 yí piàn

数量詞の問題です。①は機械・車両・映画フィルムなど，②は平面が目立つもの，③は平たいものや人と会う回数，④は面積・範囲が広いものを数えます。“空白”を数えるのは④です。

(5) 空欄補充

① 从来 cónglái　② 本来 běnlái　❸ 原来 yuánlái　④ 以来 yǐlái

①は「いままで」, ②は「もともと」, ③は「なんと（…であったのか）」, ④は「…以来」という意味です。“梅子对自己并没有意思”（梅子は自分に対して気がなかった）ということに気付いたわけなので, ③が正解です。

(6) 空欄補充

① 看不起 kànbuqǐ　　❷ 看不出 kànbuchū
③ 看不懂 kànbudǒng　　④ 看不见 kànbujiàn

①は「見下げる」, ②は「…だとは思えない」, ③は「(見て）理解できない」, ④は「見えない」という意味です。“有病”（病気がある）が続くので, ②が正解です。

(7) 空欄補充

❶ 为了 wèile　② 因为 yīnwei　③ 由于 yóuyú　④ 便于 biànyú

①は「…のために」と目的を表す介詞, ②は「…なので」と因果関係の原因や理由を表す接続詞, ③も「…なので」と因果関係の原因や理由を表す接続詞と, 「…によって」と原因・理由を表す介詞, ④は「容易に…する」という意味の動詞です。“不伤害你的自尊”「あなたの自尊心を傷つけない」という目的を表す文が続くので, ①が正解です。

(8) 空欄補充

① 越…越… yuè…yuè…　　❷ 又…又… yòu…yòu…
③ 或者…或者… huòzhě…huòzhě…　　④ 一边…一边… yìbiān…yìbiān…

①は「…であればあるほどますます…だ」, ②は「…でもありまた…でもある」, ③は「…かそれとも…」, ④は「…しながら…する」という意味です。“高兴”と“失落”から②が正解です。

(9) 空欄補充

❶ 并 bìng　② 再 zài　③ 虽然 suīrán　④ 而且 érqiě

①は「決して, 別に」という意味で後ろに否定の副詞が続き, 予想と違うことを表します。②は「再び, もう一度」, ③は「…ではあるけれども」, ④は「その上, しかも」という意味です。“不是单相思”（片思いではない）と否定の文が続くので, ①が正解です。

⑽ 内容の不一致

① 老钱为了梅子而改换了高考志愿。
（老銭は梅子のために大学受験の志望を変えた。）

② 老钱的梦想是要为梅子治好眼病。
（老銭の夢は梅子のために目の病気を治療したいということだった。）

③ 老钱和梅子最后终于走到了一起。
（老銭と梅子は最終的にはついに一緒になった。）

❹ **其实上高中时梅子并不喜欢老钱。**
（実は高校のとき，梅子は別に老銭が好きではなかった。）

“后来，老钱也知道了高中时自己并不是单相思，梅子的‘斜视’也是为自己斜的”から④が正解です。

2

解答：(1)❸　(2)❷　(3)❶　(4)❹　(5)❶　(6)❶　(7)❸　(8)❹　(9)❷　⑽❶

1．正しい文を選びます。語順や語句の用法の理解を問います。　（各２点）

(1) ① 小明公园跑进去玩儿了和朋友。
② 小明跑进去公园和朋友玩儿了。
❸ **小明跑进公园和朋友玩儿去了。**
（小明は公園に駆け込んで友達と遊びに行った。）
④ 小明进公园去跑和朋友玩儿了。

“跑进公园去”と“和朋友玩儿”という２つのことを連動文にする場合，“去”を文末に置くことができます。他の選択肢は，連動文になっていません。

(2) ① 你今天写作业得怎么这么快啊？
❷ **你今天作业怎么写得这么快啊？**
（きょうは宿題がなぜこんなにも速く終わったの？）
③ 今天你怎么作业这么快写得啊？
④ 今天你得作业怎么写这么快啊？

様態補語の語順は「動詞＋“得”＋形容詞」です。

(3) ❶ **回家后他马上把衣服挂在墙上了。**

（帰宅すると彼はすぐに服を壁に掛けた。）

② 回家后他把衣服马上在墙上挂了。

③ 他回家后把在墙上马上挂衣服了。

④ 他回家后马上衣服把在墙上挂了。

“把”構文です。“把”の後ろは目的語，副詞は“把”の前という語順になります。

(4) ① 我后来也没跟他再见面过。

② 后来我也再没见面过跟他。

③ 我后来再也没跟过他见面。

❹ 后来我再也没跟他见过面。（その後わたしは二度と彼とは会っていない。）

“见面”は離合動詞なので，“跟他见过面”（彼と会ったことがある）となります。否定の副詞“没”は介詞フレーズ全体を否定します。

(5) **❶ 没想到你比他的个子还高一些。**

（君が彼よりもさらに背が高いとは思いもしなかった。）

② 没想到你的个子比他还一些高。

③ 没想到你的个子还高一些比他。

④ 没想到个子你还比他的一些高。

比べるのは“你”と“他的个子”で，「さらに高い」は“还高一些”という語順になります。

2．同じ意味になる語句を選びます。語句の意味についての知識を問います。

（各 2 点）

(6) 他没有其他缺点，就是有点喜欢吹牛。

（彼はほかに欠点はないが，ちょっとほらを吹くのが好きだ。）

❶ 说大话 shuō dàhuà　　② 爱说谎 ài shuōhuǎng

③ 开玩笑 kāi wánxiào　　④ 乱花钱 luàn huā qián

「ほらを吹く，大風呂敷を広げる」という意味の慣用語です。「大きいことを言う」という意味の①が正解です。②は「嘘をつくのが好きだ」，③は「冗談を言う」，④は「金遣いが荒い」という意味です。

(7) 小李点子最多，你去找他吧。

（李さんはアイデアが最も多いので，彼を尋ねてみなさい。）

① 部下 bùxià　② 存款 cúnkuǎn　❸ 主意 zhǔyi　④ 房产 fángchǎn

「アイデア」という意味ですから，「考え」という意味の③が正解です。①は「部下」，②は「預金」，④は「（不動産としての）家屋敷」という意味です。

⑻ 小王的女朋友是一位白衣天使。（王くんの彼女は看護師です。）

① 医生 yīshēng　② 美发师 měifàshī

③ 厨师 chúshī　❹ 护士 hùshi

「看護師」の美称ですから，④が正解です。①は「医者」，②は「美容師」，③は「コック」という意味です。

⑼ 说起唱歌来他唱得可真是呱呱叫。

（歌うとなると彼が本当にずば抜けている。）

① 嗓门大 sǎngmén dà　❷ 非常好 fēicháng hǎo

③ 很有名 hěn yǒumíng　④ 很难听 hěn nántīng

「とびきりよい」という意味ですから，②が正解です。①は「声が大きい」，③は「有名だ」，④は「聞きづらい」という意味です。

⑽ 你别跟那些不三不四的人来往。

（あんなろくでもない人たちとつきあわないように。）

❶ 不正派 bú zhèngpài　② 不认真 bú rènzhēn

③ 没礼貌 méi lǐmào　④ 没水平 méi shuǐpíng

「ろくでもない」という意味の成語ですから，「まともでない」という意味の①が正解です。②は「真面目でない」，③は「礼儀をわきまえない」，④は「レベルが低い」という意味です。

3 適当な語句を補います。読解力と語句の知識を問います。（各 2 点）

解答：⑴❷ ⑵❶ ⑶❹ ⑷❸ ⑸❷ ⑹❸ ⑺❶ ⑻❹ ⑼❷ ⑽❶

⑴ 你今天怎么这么没（ 精神 ），哪里不舒服吗？

（きょうはなぜそんなに元気がないの，どこか具合が悪いのですか。）

① 精明 jīngmíng　❷ 精神 jīngshen　③ 神气 shénqi　④ 元气 yuánqì

①は「頭がよい」，②は「元気，活力」，③は「表情，顔つき」，④は「生命力」という意味です。「どこか具合が悪いのか」と聞いているので，②が正解です。

⑵ 他跟公司（ 请假 ）了，要到下周三才能来上班。
（彼は会社に休暇をもらったので，来週の水曜日までは出社しないでしょう。）

❶ 请假 qǐngjià　② 放假 fàngjià　③ 休假 xiūjià　④ 病假 bìngjià

①は「休暇をもらう」，②は「休みになる」，③は「休暇を取る」，④は「病気休暇」という意味です。“跟公司”から①が正解です。

⑶ 今天我请客，你别（ 客气 ），想吃什么就点什么吧。（きょうはわたしがごちそうします，遠慮しないで，食べたいものを注文してください。）

① 大气 dàqi　② 小气 xiǎoqi　③ 争气 zhēngqì　❹ 客气 kèqi

①は「気前がいい」，②は「けちである」，③は「頑張る」，④は「遠慮する」という意味です。「わたしがごちそうする」に続いて“别”という禁止の副詞があるので，④が正解です。

⑷ 你们才认识几天，你真的（ 了解 ）她的为人吗?
（知り合ったばかりなのに，君は彼女の人となりが本当に分かるの？）

① 明知 míngzhī　② 见解 jiànjiě　❸ 了解 liǎojiě　④ 知情 zhīqíng

①は「はっきり知っている（のに）」，②は「見解，見方」，③は「理解する，分かる」，④は「事情を知る」という意味です。“为人”（人となり，人柄）を目的語として取ることができる③が正解です。

⑸ 明天路上可能会堵车，你们最好（ 提前 ）出门。
（あしたは渋滞するだろうから，君たちはできるだけ早めに出かけるほうがいいよ。）

① 先前 xiānqián　❷ 提前 tíqián　③ 当前 dāngqián　④ 从前 cóngqián

①は「以前，もと」，②は「繰り上げる」，③は「目下」，④は「これまで，昔」という意味です。“明天路上可能会堵车”と予想して，出かける時間を早めるようにアドバイスしているので，②が正解です。

⑹ 这件事，她嘴上是（ 答应 ）了，但一直没有实际行动。
（この件，彼女は口では承知しているが，ずっと実際には行動していない。）

① 回答 huídá　② 答话 dáhuà　❸ 答应 dāying　④ 报答 bàodá

①は「回答する」，②は「返答する」，③は「承知する」，④は「報いる」という意味です。“但一直没有实际行动”と言っているので，③が正解です。

(7) 这家店的小吃，(比如) 生煎包、馄饨、烧卖什么的，我觉得味道都不错。
(この店の軽食，例えば生煎包・ワンタン・シューマイなどみななかなかの味だと思います。)

❶ 比如 bǐrú　② 假如 jiǎrú　③ 如果 rúguǒ　④ 如此 rúcǐ

①は「例えば」，②は「もしも…なら」，③も「もしも…なら」，④は「このようである」という意味です。“生煎包、馄饨、烧卖什么的”と列挙しているので，①が正解です。

(8) 自从爷爷用 (上) 了智能手机，每天都跟我视频聊天儿。
(祖父はスマホを使い始めてから，毎日わたしとビデオでしゃべっている。)

① 来 lái　② 到 dào　③ 下 xià　❹ 上 shàng

補語の問題です。“用智能手机”という動詞フレーズを補足するのは，動作が開始され持続することを表す④です。

(9) 他的爱好很 (广泛)，唱歌、跳舞、画画儿、摄影等他样样都喜欢。
(彼の趣味は広く，歌う，踊る，絵を描く，写真を撮るなど何でも好きだ。)

① 广大 guǎngdà　❷ 广泛 guǎngfàn　③ 宽大 kuāndà　④ 宽广 kuānguǎng

①は「広大である」，②は「広範である」，③は「寛大である」，④は「広くゆったりしている」という意味です。“爱好”の述語になるのは②です。

(10) (即使) 你们都不告诉我，我 (也) 知道事情的前因后果。
(たとえ君たちが言わなくても，わたしは事の一部始終を知っている。)

❶ 即使…也… jíshǐ…yě…　② 无论…都… wúlùn…dōu…
③ 虽然…但是… suīrán…dànshì…　④ 不是…而是… bú shì…ér shì…

①は「たとえ…でも」，②は「…にかかわらず」，③は「…ではあるけれども」，④は「…ではなくて…だ」という意味です。文脈から“你们都不告诉我”と仮定を表していると理解できるので，①が正解です。

4 500字程度の文章を読み，流れをつかんで適当な語句を補う4問，内容の理解を問う1問，日本語に訳す1問に答えます。語句の知識，読解力，日本語の翻訳力を問います。 （(1)〜(5)各2点，(6)各5点）

解答：(1) ❶　(2) ❷　(3) ❷　(4) ❶　(5) ❸　(6) ⇨ 69頁

昨天我去逛超市，一个年轻的妈妈和她的女儿引起了我的注意。小女孩儿看上去最多有4岁，但是说话很利索。在超市门口，妈妈对孩子说："你准备好的购物单呢？你就 (1)按照 单子开始选吧！"我当时就想，这么小的孩子会选什么啊？但是当我看到小女孩儿蹦蹦跳跳地拿着纸条跑到牛奶柜台的时候，我很快就发现 (2)我错了 ！(a)小女孩儿在乳制品专柜那儿一边一本正经地看牛奶的标签，一边奶声奶气地跟她妈妈解释，这是牛奶，那是酸奶，最后她选好牛奶，让妈妈帮她把牛奶放到了购物车里。接着小女孩儿又去买了水彩笔。后来她又看着"购物单"买了酱油、盐等生活用品，还给自己挑了个小熊造型的水壶。我一直在远处看着母女俩，她妈妈基本没有帮助孩子，只是当孩子遇到标签上不认识的字问她时她才回答孩子的问题，但是好像超市里面的字，没有几个是这个小孩不认识的。

最后结账的时候，小女孩儿看到收银台旁边的货柜上放着一种糖，她跟妈妈说她想买。糖不贵，包装非常可爱，上面写着"劲嚼充气糖"。(b)开始我还以为她妈妈会满足孩子的要求呢，没想到她妈妈的话让我大吃一惊，她说："首先，我们今天并没有打算买这种糖，买了这个就超出我们的预算了。(3)另外 ，包装上的这五个字你都认识吗？如果认识，妈妈就奖励给你。"小女孩儿小声说前面两个字不认识，妈妈就耐心地教了她，然后说："你记住了，下次来超市，如果你还记得这两个字，我就给你买！"小女孩儿很听话地点了点头。

这个小女孩儿只有4岁，不但认识那么多字，有能力选择自己想要的东西，而且还听话、懂道理，真是不 (4)简单 ！这一切都应归功于她妈妈的教育方式，所以，天才不是天生的，是培养出来的！

訳：きのうわたしはスーパーに行ったが，ある若い母親とその娘がわたしの注意を引いた。女の子は見たところ大きくても4歳だが，はきはきと話している。スーパーの入り口で，母親は子どもに「準備した買い物リストは？リストどおりに選び始めようね！」と言った。わたしはそのとき，こんな小さな子どもが選べるのだろうかと思った。しかし小さな女の子が飛び跳ねながらリストを持って牛乳売り場に走って行くのを見たとき，わたしはすぐさま自分が間違ったことに気付いた。(a)小さな女の子は乳製品の売り場で真面目に牛乳のラベルを見て，これは牛乳，あれはヨーグルトと甘えた声で母親に説明しながら，最後に牛乳をちゃんと選び，母親に手伝ってもらって牛乳をカートの中に入れた。続いて小さな女の子は水彩ペンも買いに行った。そのあと女の子はまた「買い物リスト」を見て，醤油・塩などの生活用品を買い，自分のために小熊の形の水筒を選んだ。わたしはずっと遠くから母と娘二人の様子を見ていたが，母親は基本的には子どもを助けず，子どもがラベルで知らない文字にぶつかったときにだけ答えていたが，どうやらスーパーの中の文字で，この子どもが知らない字はいくつもなかった。

最後に会計をするときに，女の子はレジのそばの商品棚にキャンディが置いてあるのを見つけて，母親に買いたいと言った。キャンディは高くはないが，包装が非常にかわいくて，上には“劲嚼充气糖”と書いてある。(b)初めわたしは母親は子どもの要求を満足させるだろうと思っていたが，思いもかけぬ母親のことばにわたしはびっくりした。母親は「まず，わたしたちきょうはこのキャンディを買う予定はなかったわよね，これを買ったら予算を超えてしまうわよ。それから包装のこの５つの文字を全部知っているのかな？もし知っていたら，ママはあなたにご褒美をあげるわ」と言った。小さな女の子は小声で前の２つの字を知らないと言い，母親は根気よく女の子に教えてから，「覚えておくのよ，こんどスーパーに来たとき，この２つの字をまだ覚えていたら，買ってあげるわね！」と言った。小さな女の子は聞き分けよくうなずいた。

この小さな女の子はたった４歳だが，あれだけたくさんの字を知っていて，自分が欲しいものを選ぶ能力があるだけでなく，聞き分けも良く，道理が分かっているとは，なんとすごいことか！これらすべては母親の教育方針のたまものとすべきである。だから天才は生まれつきではなく，育て上げるものなのだ！

(1) 空欄補充

❶ 按照 ànzhào　② 仿照 fǎngzhào　③ 执照 zhízhào　④ 写照 xiězhào

①は「…に照らして」，②は「まねる」，③は「許可書」，④は「人物像を描く」という意味です。“单子开始选吧！”と続くので，何らかの基準に従うことを示す介詞①が正解です。

(2) 空欄補充

① 我对了 wǒ duì le　❷ 我错了 wǒ cuò le
③ 她错了 tā cuò le　④ 她对了 tā duì le

①は「わたしは正しい」, ②は「わたしは間違った」, ③は「彼女は間違った」, ④は「彼女は正しい」という意味です。「わたし」は“这么小的孩子会选什么啊？”と思っていましたが,“但是…”と逆接の文につながり,“我很快就发现”(わたしはすぐに気付いた) に続くので, 正解は②です。

(3) 空欄補充

① 下次 xià cì　❷ 另外 lìngwài　③ 其他 qítā　④ 一边 yìbiān

①は「次回」, ②は「それから」, ③は「その他の」, ④は「一方」という意味です。“首先，我们今天并没有打算买这种糖，买了这个就超出我们的预算了”に続いて, 買うことができない理由を述べていますので②が正解です。

(4) 空欄補充

❶ 简单 jiǎndān　② 普通 pǔtōng　③ 通常 tōngcháng　④ 众多 zhòngduō

①は「平凡である」, ②は「普通である」, ③は「通常の」, ④は「多い」という意味です。否定の副詞“不”がヒントです。“不简单”で「たいしたものだ」という意味になります。

(5) 内容の不一致

① 小女孩儿没有因为妈妈没买糖而生气。
(女の子は母親がキャンディを買わなかったからといって怒らなかった。)

② 在孩子的成长过程中父母的教育很重要。
(子どもが成長する過程で両親の教育は重要である。)

❸ **整个购物过程都是在妈妈的帮助下进行的。**
(すべての買い物の過程は母親の助けの下に行われた。)

④ 妈妈和女儿事先就计划好要买什么了。
(母親と娘は事前に何を買うかちゃんと計画を立てていた。)

“妈妈对孩子说：‘你准备好的购物单呢？你就按照单子开始选吧！’”から, 一致しないのは③です。

(6) 中文日訳

(a)・(b)上記を参照

(a)“奶声奶气”は「子どものような鼻にかかった甘え声」を表します。
(b)“大吃一惊”は「びっくり仰天する」という成語です。

5 **やや長めの文5題を中国語に訳します。日常で常用の語句，表現を用いて文を組み立てる能力を問います。** （各4点）

(1) こんなにたくさんの宿題，わたしは一日でやり終えられません。

这么多作业我一天根本做不完。

「やり終えられない」は可能補語の否定形“做不完”のほか，助動詞と結果補語を用いて“不能做完”としてもかまいません。

(2) 彼が話す事を聞いて，わたしたちはおなかが痛くなるほど笑いました。

听了他说的这件事，我们笑得肚子都疼了。

「おなかが痛くなるほど笑う」は様態補語を用いて，“笑得肚子都疼了”と訳します。

(3) おじいさんはエアコンをつけて寝るのにあまり慣れていません。

爷爷不太习惯开着空调睡觉。

「動詞1＋“着”＋動詞2」で「…しながら（…する）」という意味になり，「動詞1＋“着”」は動詞2の動作がどのような方式・状況でされるかを表します。「エアコンをつけて寝る」は“开着空调睡觉”と訳します。

(4) 田中さんはわたしに中国語で手紙を書く手助けをしてくれと言います。

田中让我帮他用中文写（一）封信。

使役文の中に“我帮他用中文写（一）封信”という兼語文が入っている構造になっています。“用”は動作・行為の道具や手段・方法を導く介詞です。

(5) 他の人が何と言おうと，彼女はこのようにするのだ。

不论其他人说什么，她都要这么做。

“不论…都…”は「たとえ（誰・何・どんな）であろうとも」という呼応になります。“不论”を“无论”としてもかまいません。

第102回

(2021年3月)

問　題

解答時間：計120分

配点：リスニング100点，筆記100点

解答と解説

リスニング

（⇨解答と解説83頁）

03 **1** 1. (1)～(5)のAの発話に対するBの問いの答えとして最も適当なものを，①～④の中から1つ選びなさい。 (25点)

04 (1)

① ② ③ ④

05 (2)

① ② ③ ④

06 (3)

① ② ③ ④

07 (4)

① ② ③ ④

08 (5)

① ② ③ ④

09 2. (6)～(10)のＡとＢの対話を聞き，それに続くＡの発話として最も適当なものを，①～④の中から１つ選びなさい。 (25点)

10 (6)

① ② ③ ④

11 (7)

① ② ③ ④

12 (8)

① ② ③ ④

13 (9)

① ② ③ ④

14 (10)

① ② ③ ④

15 **2** 中国語を聞き，⑴～⑽の問いの答えとして最も適当なものを，①～④の中から1つ選びなさい。 (50点)

メモ欄

16
23

17
24

18 (1)

25 ① ② ③ ④

19 (2)

26 ① ② ③ ④

20 (3)

27 ① ② ③ ④

21 (4)

28 ① ② ③ ④

22 (5)

29 ① ② ③ ④

30 メモ欄

37

31

38

32 (6)

39 ① ② ③ ④

33 (7)

40 ① ② ③ ④

34 (8)

41 ① ② ③ ④

35 (9)

42 ① ② ③ ④

36 (10)

43 ① ② ③ ④

筆　記 (⇨解答と解説92頁)

1 次の文章を読み，(1)～(10)の問いの答えとして最も適当なものを，①～④の中から1つ選びなさい。 (20点)

藤岛先生是日本著名的科学家，一直是诺贝尔奖的［　(1)　］候选人。藤岛先生还是中国工程院外籍院士，在中央电视台的访谈节目里，他讲述了自己［　(2)　］中国的故事。

1979年，藤岛先生的实验室里来了一位来自中国的访问学者，他热情地邀请藤岛先生访问中国。［　(3)　］，藤岛先生第一次踏上了中国的土地。时值改革开放之初，北京街上汽车还不多，中方为他安排专车，还招待他乘飞机去西安参观了兵马俑。通过这次访问，藤岛先生看到了中国改革开放后朝气蓬勃的景象，而给他印象更深的还是中国优秀学生对研究的认真态度。

回到日本后，藤岛先生开始接收中国留学生，40年来，前后培养了38名硕士、博士研究生。藤岛先生不仅在学业上精心指导，还语重心长地［　(4)　］留学生学成后都回国工作。小张在藤岛研究室工作了5年，藤岛先生对小张说："你该回国了，我这里虽然可以一直给你提供工作，但中国更［　(5)　］你这样的研究人才。"听了藤岛先生的意见，小张回到中国东北某大学任教，如今她已经带出了30多名硕士和博士研究生。

上世纪80年代，中国留学生在东京租房很困难，［　(6)　］有藤岛先生作担保，也很难找到合适的住所。为了解决留学生的住宿困难，藤岛先生［　(7)　］自筹资金买了4间公寓用来作宿舍，还把自己家里的电视、冰箱等电器送给留学生。

40年来，藤岛先生全力投身于科研和教育事业，取得了(8)丰硕的研究成果，也为中国培养出一［　(9)　］科研人才。他们大多都已成为中国各大学和科研机构的骨干，其中有3位还成为中国科学院的院士。藤岛先生真可谓"桃李满天下"！

(1) 空欄(1)を埋めるのに適当なものはどれか。

① 冷门　　② 热门　　③ 发火　　④ 红火

⑵ 空欄⑵を埋めるのに適当なものはどれか。

① 连　② 给　③ 使　④ 与

⑶ 空欄⑶を埋めるのに適当なものはどれか。

① 然而　② 于是　③ 不过　④ 并且

⑷ 空欄⑷を埋めるのに適当なものはどれか。

① 劝阻　② 教唆　③ 劝说　④ 教训

⑸ 空欄⑸を埋めるのに適当なものはどれか。

① 必要　② 需要　③ 要求　④ 必须

⑹ 空欄⑹を埋めるのに適当なものはどれか。

① 无论　② 反正　③ 总算　④ 即使

⑺ 空欄⑺を埋めるのに適当なものはどれか。

① 竟然　② 固然　③ 既然　④ 虽然

⑻ 下線部⑻の正しいピンイン表記はどれか。

① fēngshuò　② fēngsuò　③ féngshuò　④ féngsuò

⑼ 空欄⑼を埋めるのに適当なものはどれか。

① 阵　② 批　③ 片　④ 团

⑽ 本文の内容と一致するものはどれか。

① 藤岛先生是获得过诺贝尔奖的著名学者。

② 藤岛先生对中国的研究水平之高印象最深。

③ 藤岛先生在科研方面取得了很多成果。

④ 藤岛先生培养的留学生都不愿意留在日本。

2 1. ⑴～⑸の中国語①～④の中から，正しいものを１つ選びなさい。 (10点)

⑴ ① 那家便利店几天过就要开张了。
② 那家便利店开张就要过几天了。
③ 那家便利店过几天就要开张了。
④ 那家便利店就要过几天开张了。

⑵ ① 他们商量了半天也没有结果。
② 他们半天商量了也没有结果。
③ 他们商量半天也没有了结果。
④ 他们商量了也没有半天结果。

⑶ ① 老汪让我去修理帮他电脑。
② 老汪让我去帮他修理电脑。
③ 老汪让我帮他修理去电脑。
④ 老汪让我修理电脑去帮他。

⑷ ① 这次灾害与其说是天灾，倒是说不如人祸。
② 这次灾害说是与其天灾，倒不如是说人祸。
③ 这次灾害与其说是天灾，倒不如说是人祸。
④ 这次灾害是与其说天灾，不如倒说是人祸。

⑸ ① 不但他能力强，而且人缘儿也好。
② 他不但能力强，也而且人缘儿好。
③ 他而且能力强，不但人缘儿也好。
④ 他不但能力强，而且人缘儿也好。

2. ⑹～⑽の中国語の下線部の意味として最も適当なものを，①～④の中から1つ選びなさい。 （10点）

⑹ 我听到这首歌曲，就仿佛被带到了 30 年前的那个时代。

① 比如　② 好像　③ 相似　④ 象征

⑺ 这家超市今天搞活动，所有商品都打折。

① 贬值　② 降价　③ 抬价　④ 抢购

⑻ 老张就是改不掉爱吹牛这个毛病，真拿他没办法。

① 缺点　② 伤口　③ 故障　④ 嗜好

⑼ 这家餐厅虽然店面很小，不过能做出很地道的上海菜。

① 实惠　② 正宗　③ 普通　④ 昂贵

⑽ 他并不富裕，但为受灾群众捐款一点儿也不吝啬。

① 大方　② 小气　③ 犹豫　④ 吃亏

3 ⑴～⑽の中国語の空欄を埋めるのに最も適当なものを，①～④の中から１つ選びなさい。 (20点)

⑴ 一到花粉季节，（　　　）口罩的人就多起来了。
① 挂　② 带　③ 穿　④ 戴

⑵ 他们俩相处了多年，最终还是因为性格不合（　　　）了。
① 挥手　② 解手　③ 放手　④ 分手

⑶ 你已经尽最大努力了，输给这么强的选手一点儿都不（　　　）。
① 洗脸　② 丢脸　③ 笑脸　④ 变脸

⑷ 一支由15名医务人员（　　　）的医疗队已经前往灾区。
① 造成　② 集成　③ 合成　④ 组成

⑸ 他一直坚持（　　　）身体，这么多年从来没有生过病。
① 调动　② 训导　③ 锻炼　④ 强盛

⑹ 马上就要高考了，考生们都在（　　　）时间复习。
① 抽调　② 抓紧　③ 赶快　④ 加急

⑺ 他这个人（　　　）太大了，世界上没有他不敢做的事儿。
① 胆子　② 嘴巴　③ 肚子　④ 胸口

⑻ 我经常回忆起小时候在奶奶家的生活，那是一（　　　）幸福的时光。
① 间　② 段　③ 件　④ 块

⑼ 作为总经理，我对这次事故有不可（　　　）的责任。
① 推脱　② 谢绝　③ 下载　④ 逃难

⑽ 年轻人做事情要专一，不能总是（　　　）。
① 朝三暮四　② 早出晚归　③ 一举两得　④ 东奔西走

4 次の文章を読み，(1)～(5)の問いの答えとして最も適当なものを，①～④の中から1つ選びなさい。また，下線部(a)・(b)を日本語に訳しなさい。 (20点)

一天，我去姑姑家，发现她正在手机上查看北京的天气，我问她：“(a)北京离这儿有1400多公里，即便下雨也不能给小波送雨伞去呀！”姑姑笑了，她说这些年都习惯了，每天都要看儿子小波所在城市的天气。每当表弟来电话时，她都会 [(1)] 他：降温了，想着多穿点儿衣服；明天有雨，上班时别忘了带雨伞。

姑姑还告诉我说：“小波在重庆上大学时，我还没有智能手机，[(2)] 天天看电视了解重庆的天气预报；后来他在西安念研究生，我就开始关注西安；再后来他到北京工作，我又一直关注着北京的天气情况。算起来，都十五年了。”

其实，也并不是只有我姑姑这样。前不久，我的一个好朋友带着一家四口人开车去西藏旅游。朋友刚走两天，他母亲 [(3)] 来到我家。我想她肯定有急事，忙着问：“怎么了，阿姨？”她有些不好意思，吞吞吐吐地说：“看一下儿你的手机，我儿子在微信朋友圈里有没有发信息？”我说：“您怎么不给他打电话呢？”阿姨说怕儿子在开车，开车接电话多危险啊！

我点开微信朋友圈，找到了朋友发出的信息让她看。朋友一家刚刚路过成都，还有在那里吃火锅的照片。(b)阿姨看着微信，脸上露出了笑容，还让我快给她查一查成都的天气。

看来，每个母亲的心里都有一张地图，那张地图上所标记的都是孩子留下的足迹。孩子在 [(4)]，母亲心头的牵挂就在 [(4)]。

(1) 空欄(1)を埋めるのに適当なものはどれか。

① 委托　② 打扰　③ 照顾　④ 嘱咐

(2) 空欄(2)を埋めるのに適当なものはどれか。

① 只好　② 总算　③ 除非　④ 到底

(3) 空欄(3)を埋めるのに適当なものはどれか。

① 才　② 还　③ 便　④ 再

(4) 2か所の空欄(4)を埋めるのに適当なものはどれか。

① 哪里…哪里　② 这里…那里　③ 哪里…那里　④ 那里…这里

(5) 本文の内容と一致するものはどれか。

① 天冷的时候，表弟自己会多穿点儿衣服。

② 朋友的母亲当初不知道儿子的手机号。

③ 姑姑一直查看天气是因为牵挂着表弟。

④ 每个母亲都会买一张孩子所在地的地图。

(6) 下線部(a)・(b)を日本語に訳しなさい。

5 (1)〜(5)の日本語を中国語に訳しなさい。

(漢字は崩したり略したりせずに書き，文中・文末には句読点や疑問符をつけること。)(20点)

(1) あなたは考えたことをそのまま書きなさい。

(2) 張先生は去年からずっとこの問題を研究しています。

(3) 昨夜は忙しくて，2時まで起きていた。

(4) わたしのゲーム機は弟に壊されてしまった。

(5) 父が賛成してもしなくても，わたしは留学に行きます。

リスニング （⇨問題72頁）

1

解答：(1)❸　(2)❸　(3)❶　(4)❷　(5)❶　(6)❷　(7)❷　(8)❸　(9)❹　(10)❷

1．Aの発話に対するBの問いの答えを選びます。日常会話の一言を聞き取り，素早く状況をつかむ能力を問います。 （各5点）

04 (1) A：前方到站是本次列车的终点站，请各位旅客带好自己的行李准备下车。
（まもなくこの列車は終点に到着いたします。乗客の皆さま，ご自分のお荷物をお忘れなく降車の準備をお願いいたします。）

B：说话人在什么地方？（話し手はどこにいるか。）

① 在候车室。（待合室。）

② 在公交车上。（バスの中。）

❸ **在火车上。**（汽車の中。）

④ 在站台上。（駅のホーム。）

05 (2) A：天气预报，你不能不信，也不能全信。（天気予報は，信用しないわけにはいかないし，100％信用するわけにもいかない。）

B：说话人的意思是：（話し手が言っている意味は：）

① 你不用天天都听天气预报。（毎日天気予報を聞く必要はない。）

② 你每天得认真听天气预报。
（毎日天気予報を真面目に聞かなくてはならない。）

❸ **天气预报并不完全准确。**
（天気予報は完全に正確であるわけではない。）

④ 天气预报是非常准确的。（天気予報は非常に正確である。）

06 (3) A：连这么难的数学题你都能做出来呀！
（こんなに難しい数学の問題でさえあなたはできたのですね。）

B：说话人的意思是：（話し手が言っている意味は：）

❶ **你数学真厉害。**（あなたは数学が実によくできる。）

② 你数学题做得真快。（あなたは数学の問題を実に速く解ける。）

③ 这道数学题不太难。（この数学の問題はあまり難しくない。）

④ 我也会做这道数学题。（わたしもこの数学の問題を解くことができる。）

07 (4) A：现在竞争这么激烈，我哪能没有压力呢？（現在，競争がこんなに激しいのだから，わたしはどうしてプレッシャーを感じないでいられようか。）

B：说话人的意思是：（話し手が言っている意味は：）

① 面对激烈的竞争，我没有精神压力。（激しい競争に直面して，わたしは精神的なプレッシャーを感じていない。）

❷ **面对激烈的竞争，我精神压力很大。**（激しい競争に直面して，わたしは精神的なプレッシャーがとても大きい。）

③ 我没有能力去面对激烈的竞争。（わたしは激しい競争に立ち向かう能力がない。）

④ 我有能力克服竞争带来的压力。（わたしは競争がもたらすプレッシャーを克服する能力がある。）

08 (5) A：受台风影响，今天的期末考试推迟到明天进行。（台風の影響で，きょうの期末試験はあすに延期します。）

B：说话人的意思是：（話し手が言っている意味は：）

❶ **考试时间推迟一天。**（試験の時間が1日延期される。）

② 台风将于明天到达。（台風があした来るであろう。）

③ 考试不受台风的影响。（試験は台風の影響を受けない。）

④ 期末考试照常进行。（期末試験は平常どおり行う。）

2. AとBの対話に続くAのことばを選びます。日常会話の短い対話を聞き取り，素早く状況をつかんで反応する能力を問います。 （各5点）

10 (6) A：放了暑假，我就跟朋友一起去非洲旅行。（夏休みになったら，わたしは友達と一緒にアフリカへ旅行に行きます。）

B：你妈妈能让你去吗？（あなたのお母さんは行かせてくれますか。）

A：① 如果我妈妈去，我就不去了。（母が行くなら，わたしは行きません。）

❷ **不管她同意不同意，我都要去。**（母が賛成しても賛成しなくても，わたしは行くつもりです。）

③ 我去过非洲，所以不想去了。（わたしはアフリカに行ったことがあるから，もう行きたくありません。）

④ 虽然她同意，但是我反对。（母は賛成ですが，わたしは反対です。）

11 (7) A：你汉语进步得真快呀！有什么好的学习方法吗？（あなたの中国語は進歩が本当に速いですね。何かよい学習方法があるのですか。）

B：我经常看中国的电视剧。（わたしはよく中国のテレビドラマを観ます。）

A：① 是吗？看来中国电视剧没有什么意思。
（そうですか。中国のテレビドラマはおもしろくないようですね。）

❷ 是吗？看来看电视剧对学汉语很有帮助。（そうですか。テレビドラマを観るのは中国語学習にとても役立つようですね。）

③ 是吗？看来你不太喜欢看中国电视剧。（そうですか。あなたは中国のテレビドラマを観るのがあまり好きではないようですね。）

④ 是吗？看来中国电视剧越来越好看了。（そうですか。中国のテレビドラマはますますおもしろくなっているようですね。）

12 (8) A：小张，好几年没见了。你结婚了吧？
（張さん，ずいぶんお久しぶりね。あなたは結婚したのでしょ？）

B：没呢。大妈，我连女朋友还没有呢！
（まだですよ。おばさん，ぼくはガールフレンドさえまだいないのですよ。）

A：① 真的？那你女朋友一定很漂亮。
（本当？では，あなたのガールフレンドはきっととてもきれいでしょう。）

② 真的？那你帮大妈介绍一个吧。
（本当？では，おばさんに一人紹介してよ。）

❸ 真的？那大妈给你介绍一个吧。
（本当？では，おばさんがあなたに一人紹介してあげましょう。）

④ 真的？那大妈一定去参加婚礼。
（本当？では，おばさんはきっと結婚式に出席するわ。）

13 (9) A：请问，我可以用微信支付吗？
（すみません，ウィーチャットペイで支払えますか。）

B：对不起，本店还不能用微信支付，你可以用信用卡。
（すみません，当店はまだウィーチャットペイでの支払いはできません。クレジットカードはご利用いただけます。）

A：① 那咱们用微信联系吧。
（では，わたしたちはウィーチャットで連絡しましょう。）

② 那你给手机充电吧。（では，携帯電話を充電しなさい。）

③ 那你还是给我打电话吧。
（では，あなたはやはりわたしに電話してください。）

❹ 那我就用现金支付吧。（では，わたしは現金で払いましょう。）

14 ⑽ A：时间不早了，咱们快点儿去机场吧。
（遅くなりました。急いで空港に行きましょう。）

B：别着急，咱们开车去，半个小时就能到。
（慌てなさんな。車で行くから30分で着くよ。）

A：① 不过，地铁晚点就赶不上了。
（でも，地下鉄が遅れると間に合わなくなります。）

❷ 不过，万一堵车就来不及了。
（でも，万が一渋滞すると間に合わなくなります。）

③ 不过，坐公交车去也要迟到了。（でも，バスで行っても遅刻します。）

④ 不过，我就不能坐飞机去了。
（でも，わたしは飛行機で行くことができなくなります。）

2 **500字程度の2つの文章を聞き，内容についての問い5問ずつに答えます。ポイントとなる内容を聞き取り，全体の趣旨をつかむ能力を問います。**（各5点）

解答：(1)❶　(2)❹　(3)❸　(4)❷　(5)❷　(6)❸　(7)❷　(8)❶　(9)❷　⑽❶

(1)～(5)の中国語

16 三年前，为了打工挣钱，高峰带着妻子来到南京，把女儿留在了四川的农村老家。他们没有什么专业特长，只能去餐厅干活儿。两个人先在一家广东餐馆打扫卫生，半年后又到西餐厅洗碗。由于西餐厅的生意不好，没多久他俩就被解雇了。第二年，他们找到了一家上海餐馆，他俩工作很努力，很勤奋，老板也非常喜欢他们。两个人在这家餐厅干了一年多，这期间还学会了做小笼包的手艺。

高峰有个朋友利用银行贷款开了一家餐厅，生意很兴隆。于是，他也想试一试，准备贷款开一家小笼包店。他去银行问了问，结果，银行的人告诉他："你现在的经济状况无法贷款。"没办法，高峰只好跟亲戚们借一些钱，租了一间面积很小的店铺，夫妻二人终于有了自己的小笼包店。

17 小笼包店靠近住宅小区，旁边还有一家大型超市，每天人来人往，生意挺不错的。小笼包店的营业时间从上午十一点到晚上八点半。小笼包有猪肉馅儿的和海鲜馅儿的两种，猪肉馅儿的价格比较便宜，买的人多；海鲜馅儿的比较贵，买的人少一些，但是利润比猪肉馅儿的高。

小笼包店开业一年多，生意越做越好。高峰夫妻打算扩大小笼包店的规模，赚更多的钱。他们还有一个梦想，把女儿和父母从四川老家接到南京来一起生活。

訳：3年前，出稼ぎのために高峰は妻を連れて南京に来た。娘は四川の農村の実家に預けてきた。彼らは何の特技もないので，レストランで働くしかなかった。二人はまずある広東料理店で掃除の仕事をし，半年後には西洋レストランで皿洗いをした。西洋レストランの商売はうまくいっていなかったので，しばらくすると彼ら二人は解雇された。翌年，彼らはある上海料理店を見つけた。二人は一生懸命働き，勤勉であったので，店の主人もとても彼らを気に入った。二人はこのレストランで1年余り働き，その間にショーロンポーを作る腕前も身につけた。

高峰の友達で銀行ローンを利用してレストランを開き，商売がとても繁盛している人がいた。そこで彼もやってみようと思い，ローンを借りてショーロンポーの店を開こうと思った。銀行に行って尋ねると，銀行の人は彼に「あなたは今の経済状態ではローンは組めません」と言った。しかたなく，高峰は親戚の人たちにお金を借り，面積のとても小さな店舗を借りた。夫婦二人はついに自分たちのショーロンポー店を持ったのである。

ショーロンポー店は住宅地区に近く，そばには大型スーパーもあって，毎日人が行き来しているので，商売はとても繁盛した。ショーロンポー店の営業時間は午前11時から夜の8時半までである。ショーロンポーは豚肉の餡《あん》と海鮮の餡の2種類があり，豚肉の餡のほうは値段が割合安く，買う人が多い。海鮮の餡のほうは割合高く，買う人は若干少ないが，利益は豚肉の餡のより多い。

ショーロンポー店は開業1年余りになるが，商売はますます繁盛している。高峰夫婦はショーロンポー店の規模を拡大し，もっとたくさんお金を稼ごうと思っている。彼らは1つ夢を持っている。それは娘と両親を四川の実家から南京に迎え入れて一緒に暮らすことである。

18 (1) 問：高峰和妻子为什么来到了南京？（高峰と妻はなぜ南京に来たのか。）

答：❶ **为了增加收入。**（収入を増やすために。）

② 为了学做小笼包。（ショーロンポーの作り方を学ぶために。）

③ 为了来南京旅行。（南京を旅行するために。）

④ 为了来看朋友。（友達に会うために。）

19 (2) 問：他们在广东餐馆干了多长时间？

（彼らは広東料理店でどのくらいの期間働いたか。）

答：① 一年多。(1 年余り。)　② 一个月。(1 か月。)
③ 三年。　(3 年。)　❹ 六个月。(6 か月。)

20 (3) 問：开小笼包店的资金是怎么解决的？
(ショーロンポー店を開く資金はどうやって解決したか。)
答：① 靠出租店铺。(店舗を貸し出すことによって。)
② 靠父母资助。(両親の援助によって。)
❸ **向亲戚借钱。**(親戚に借金して。)
④ 向银行贷款。(銀行でローンを組んで。)

21 (4) 問：小笼包店生意好的原因是什么？
(ショーロンポー店の商売がうまくいった原因は何か。)
答：① 海鲜馅儿小笼包比较贵。(海鮮の餡のショーロンポーが比較的高い。)
❷ **附近有住宅和超市，人很多。**
(近くに住宅地区とスーパーがあり，人が多い。)
③ 每天的营业时间都很长。(毎日の営業時間が長い。)
④ 买猪肉馅儿小笼包的人多。
(豚肉の餡のショーロンポーを買う人が多い。)

22 (5) 問：与本文内容相符的是以下哪一项？
(本文の内容と一致するものは，次のどれか。)
答：① 父母不愿意来南京跟孩子们一起生活。
(両親は南京に来て子どもたちと一緒に暮らしたがらない。)
❷ **高峰打算今后扩大包子店的经营规模。**
(高峰は今後ショーロンポー店の経営規模を拡大しようと思っている。)
③ 高峰是跟妻子和女儿一起来到南京的。
(高峰は妻や子どもと一緒に南京に来た。)
④ 高峰在上海菜馆干了半年就被解雇了。
(高峰は上海料理店で半年働くとすぐに解雇された。)

(6)～(10)の中国語

30 近年来，各地新建了不少博物馆。据统计，2016 年全国博物馆有 4100 家，2017 年增加到 4800 家，到 2019 年年底，全国一共有 5300 家博物馆。

这 5300 家博物馆主要可以划分为历史类、艺术类、科学技术类、综合类这四个类型。据统计，这四类博物馆中最有人气的是科学技术类博物馆，其次是艺术类和历史类，排在后面的是综合类博物馆。

以前节假日的休闲活动主要是上街购物、看电影、逛公园，而现在去博物馆参观的人越来越多，甚至有人把参观博物馆作为外出旅游的主要目的。在宽敞舒适的博物馆里观赏着一件件精美的展品，不仅让人心情愉快，还能学到很多新知识。现在，节假日参观博物馆逐渐成为一种流行的文化消费方式。

31 这种新的文化消费方式的流行，说明人们在物质生活水平得到提高以后，对精神生活也有了更高的要求。为了满足人民的这种需求，促进文化产业的更快发展，中央政府对 90% 的国家级博物馆实行免费开放。各级地方政府也认识到博物馆在城市建设中的重要地位和作用，改进对博物馆的管理，目前已经出现了一些令人高兴的变化。例如，现在有很多地方博物馆在寒暑假期间对中小学生实行免费开放。可以肯定地说，今后会有越来越多的地方博物馆实行全年免费开放。

訳：近年，各地に多くの博物館が新たに建てられている。統計によると，2016年には全国の博物館は 4100 軒あったが，2017 年には 4800 軒に増え，2019 年末には，全国の博物館は合計 5300 軒になっている。

この 5300 軒の博物館は主に歴史類，芸術類，科学技術類，総合類の 4 類型に分けることができる。統計によると，この 4 種類の博物館の中で最も人気があるのは科学技術類博物館で，その次は芸術類と歴史類で，おしまいが総合類博物館である。

以前は祝祭日のレジャー活動は主に街での買い物，映画鑑賞，公園散歩などであったが，今は博物館を参観する人がますます増えており，博物館の参観を旅行の主な目的とする人さえいる。広くて気持ちのいい博物館で，精巧で美しい展示品を一つ一つ鑑賞すれば，気持ちが楽しくなるだけでなく，多くの新しい知識を学ぶこともできる。現在，祝祭日に博物館を参観することは次第に流行の文化的消費方式となってきている。

この新しい文化的消費方式の流行は，人々が物質生活のレベルが向上したあと，精神生活に対してもより高い要求を持つようになったことを表している。人々のこの要求を満たし，文化産業のより速い発展を促進するために，中央政府は 90%の国家レベル博物館について無料開放を実施している。各レベルの地方政府も博物館の都市建設における重要な位置と役割を認識し，博物館に対する管理を改善しており，現在すでに喜ばしい変化が起きている。例えば，現在多くの地方博物館は夏冬休みの期間，小中学生に対して無料開放を実施している。今後，ますます多くの地方博物館が通年無料開放の実施に踏み切るものと断言できるであろう。

32 (6) 問：中国的博物馆 2019 年比 2016 年增加了多少？

（中国の博物館は 2019 年は 2016 年よりどれくらい増えたか。）

答：① 4100 家。（4100 軒。）　② 5300 家。（5300 軒。）

❸ 1200 家。（1200 軒。）　④ 700 家。（700 軒。）

33 (7) 問：哪类博物馆最受欢迎？（どの種類の博物館が最も歓迎されているか。）

答：① 艺术类博物馆。（芸術類博物館。）

❷ **科学技术类博物馆。**（科学技術類博物館。）

③ 综合类博物馆。（総合類博物館。）

④ 历史类博物馆。（歴史類博物館。）

34 (8) 問：现在节假日流行的文化消费方式是什么？

（現在，祝祭日に流行している文化的消費方式は何か。）

答：❶ **去博物馆参观。**（博物館へ参観に行く。）

② 去电影院看电影。（映画館へ映画を観に行く。）

③ 外出旅游。（旅行に出かける。）

④ 去逛公园。（公園へ遊びに行く。）

35 (9) 問：今后地方博物馆的收费会出现什么变化？

（今後，地方博物館の料金にはどのような変化が起こりうるか。）

答：① 寒暑假期间免费开放的博物馆会减少。

（夏冬休みの期間，無料開放になる博物館が減少する。）

❷ **实行全年免费开放的博物馆会更多。**

（通年無料開放を実施する博物館がもっと多くなる。）

③ 所有博物馆对中小学生实行免费开放。

（すべての博物館が小中学生に対して無料開放を実施するようになる。）

④ 节假日期间所有博物馆都免费开放。

（祝祭日の期間，すべての博物館が無料開放になる。）

36 (10) 問：与本文内容相符的是以下哪一项？

（本文の内容と一致するものは，次のどれか。）

答：❶ 中央政府对 90% 的国家级博物馆都不收门票。
（中央政府は 90% の国家レベル博物館について入場料をとらない。）

② 公立博物馆的门票一律实行打折 10%。
（公立博物館の入場料は一律に 10% オフを実施する。）

③ 现在国家级博物馆太多，地方博物馆减少了。
（現在，国立博物館は多すぎ，地方博物館は減っている。）

④ 节假日买东西、看电影、逛公园的人比过去多了。（祝祭日に買い物や映画鑑賞をしたり，公園を散歩したりする人は以前より多くなった。）

筆　記 （⇨問題76頁）

1 600字程度の文章を読み，流れをつかんで適当な語句を補う8問，正しいピンインを選ぶ1問，内容の理解を問う1問に答えます。語句の知識と読解力を問います。 （各2点）

解答：(1)❷　(2)❹　(3)❷　(4)❸　(5)❷　(6)❹　(7)❶　(8)❶　(9)❷　(10)❸

藤岛先生是日本著名的科学家，一直是诺贝尔奖的 (1)热门 候选人。藤岛先生还是中国工程院外籍院士，在中央电视台的访谈节目里，他讲述了自己 (2)与 中国的故事。

1979年，藤岛先生的实验室里来了一位来自中国的访问学者，他热情地邀请藤岛先生访问中国。 (3)于是 ，藤岛先生第一次踏上了中国的土地。时值改革开放之初，北京街上汽车还不多，中方为他安排专车，还招待他乘飞机去西安参观了兵马俑。通过这次访问，藤岛先生看到了中国改革开放后朝气蓬勃的景象，而给他印象更深的还是中国优秀学生对研究的认真态度。

回到日本后，藤岛先生开始接收中国留学生，40年来，前后培养了38名硕士、博士研究生。藤岛先生不仅在学业上精心指导，还语重心长地 (4)劝说 留学生学成后都回国工作。小张在藤岛研究室工作了5年，藤岛先生对小张说："你该回国了，我这里虽然可以一直给你提供工作，但中国更 (5)需要 你这样的研究人才。"听了藤岛先生的意见，小张回到中国东北某大学任教，如今她已经带出了30多名硕士和博士研究生。

上世纪80年代，中国留学生在东京租房很困难， (6)即使 有藤岛先生作担保，也很难找到合适的住所。为了解决留学生的住宿困难，藤岛先生 (7)竟然 自筹资金买了4间公寓用来作宿舍，还把自己家里的电视、冰箱等电器送给留学生。

40年来，藤岛先生全力投身于科研和教育事业，取得了(8)<u>丰硕 fēngshuò</u> 的研究成果，也为中国培养出一 (9)批 科研人才。他们大多都已成为中国各大学和科研机构的骨干，其中有3位还成为中国科学院的院士。藤岛先生真可谓"桃李满天下"！

訳：藤島先生は日本の有名な科学者で，ずっとノーベル賞の有力候補になっている。藤島先生は中国工程院外国籍院士でもある。中央テレビのインタビュー番組で，彼は自分と中国との物語を語った。

1979 年，藤島先生の実験室に一人の中国からの訪問学者が来た。彼は藤島先生が中国を訪問するよう熱心に要請した。そこで，藤島先生は初めて中国の土地を踏んだ。ちょうど改革開放の初期で，北京の街には自動車はまだ多くなく，中国側は彼のために専用車を用意してくれた。また彼を飛行機で西安まで招き，兵馬俑を参観させてもくれた。この訪問を通じて，藤島先生は中国の改革開放後の活気に満ちた光景を目にした。そして彼にとって印象がより深かったのはやはり中国の優秀な学生の研究に対する真面目な態度であった。

日本に帰ったあと，藤島先生は中国人留学生を受け入れ始め，40 年来，前後して 38 名の修士，博士課程の大学院生を育てた。藤島先生は学業において心を込めて指導しただけでなく，留学生に学業を成し遂げたあと，帰国して仕事をするよう懇々と諭した。張さんは藤島研究室で 5 年働いた。藤島先生は張さんに「君は帰国すべきです。わたしのところはずっと君に仕事を与えることができるけれど，中国はもっと君のような研究の人材を必要としている」と言った。藤島先生の忠告を聞いて，張さんは中国の東北のある大学に戻り，教職に就き，今では彼女はすでに 30 余名の修士および博士課程の院生を育ててきた。

前世紀 80 年代，中国人留学生は東京で部屋を借りるのが困難であった。たとえ藤島先生が保証人になっても，適当な住まいを見つけるのは難しかった。留学生の住居の困難を解決するために，藤島先生はなんと資金を自分で用意して 4 部屋のアパートを買い取り，宿舎とした。また自分の家のテレビ，冷蔵庫などの電気器具を留学生に与えた。

40 年来，藤島先生はすべての力を科学研究と教育事業に捧げ，実り多い研究成果を挙げ，中国のために多くの科学研究の人材も育てた。彼らの多くがすでに中国の各大学や研究機関の中核となっており，その中の 3 名は中国科学院の院士にもなっている。藤島先生はまさに「桃李天下に満つ（門下生が至る所にいる）」と言うべきであろう。

⑴ 空欄補充

① 冷门 lěngmén　❷ 热门 rèmén　③ 发火 fāhuǒ　④ 红火 hónghuo

①は「人気のないもの」，②は「人気のあるもの」，③は「怒り出す」，④は「にぎやかである」という意味です。文脈から②を選びます。

⑵ 空欄補充

① 连 lián　② 给 gěi　③ 使 shǐ　❹ 与 yǔ

①②④は介詞，③は動詞です。①は「…でさえも」，②は「…に」，③は「…に…させる」，④は「…と」という意味です。「自分と中国との物語」という文脈から④を選びます。

(3) 空欄補充

① 然而 rán'ér　❷ 于是 yúshì　③ 不过 búguò　④ 并且 bìngqiě

接続詞の問題です。①は「ところが，しかし」，②は「そこで，すると」，③は「しかし」，④は「そして，しかも」という意味です。「中国からの訪問学者の招き」を受けて「中国の土地を踏んだ」という文脈から因果関係を表す②を選びます。

(4) 空欄補充

① 劝阻 quànzǔ　② 教唆 jiàosuō　❸ 劝说 quànshuō　④ 教训 jiàoxùn

①は「忠告してやめさせる」，②は「唆《そそのか》す」，③は「説得する」，④は「教え諭す」という意味の動詞です。文脈から③が正解です。

(5) 空欄補充

① 必要 bìyào　❷ 需要 xūyào　③ 要求 yāoqiú　④ 必须 bìxū

①は「必要だ」という意味の形容詞，②は「必要とする」，③は「要求する」という意味の動詞，④は「必ず…しなければならない」という意味の副詞です。文脈から“人才”を目的語とする②が正解です。

(6) 空欄補充

① 无论 wúlùn　② 反正 fǎnzhèng　③ 总算 zǒngsuàn　❹ 即使 jíshǐ

①は「…を問わず」，②は「いずれにせよ」，③は「やっとのことで，まあ何とか」，④は「たとえ…としても」という意味です。文脈から④が正解です。

(7) 空欄補充

❶ 竟然 jìngrán　② 固然 gùrán　③ 既然 jìrán　④ 虽然 suīrán

①は「意外にも」，②は「もとより」，③は「…するからには，…である以上」，④は「…だけれども」という意味です。“自筹资金买了4间公寓用来作宿舍”から①が正解です。

(8) ピンイン表記

❶ fēngshuò　　② fēngsuò　　③ féngshuò　　④ féngsuò

(9) 空欄補充

① 阵 zhèn　　❷ 批 pī　　③ 片 piàn　　④ 团 tuán

量詞の問題です。①は一定時間続く現象や動作，②は一まとまりの物や人，③は面積や範囲の広いものなど，④は一塊になっているものを数える場合に用います。“科研人才”という人を数える場合は②を選びます。

(10) 内容の一致

① 藤岛先生是获得过诺贝尔奖的著名学者。
（藤島先生はノーベル賞を獲得したことがある有名な学者である。）

② 藤岛先生对中国的研究水平之高印象最深。
（藤島先生は中国の学術研究レベルの高さに強い印象を持った。）

❸ **藤岛先生在科研方面取得了很多成果。**
（藤島先生は科学研究において多くの成果を挙げている。）

④ 藤岛先生培养的留学生都不愿意留在日本。
（藤島先生が育てた留学生はみな日本にとどまりたがらない。）

①は1段落目の“一直是诺贝尔奖的热门候选人”と一致しません。文中には“中国的研究水平”に言及したところはないので②も一致しません。3段落目に“藤岛先生不仅在学业上精心指导，还语重心长地劝说留学生学成后都回国工作”とありますが，④“留学生都不愿意留在日本”と意味が異なります。③は最終段落の“藤岛先生全力投身于科研和教育事业，取得了丰硕的研究成果”と内容が一致します。

2

解答：(1)❸　(2)❶　(3)❷　(4)❸　(5)❹　(6)❷　(7)❷　(8)❶　(9)❷　(10)❷

1. 正しい文を選びます。語順や語句の用法の理解を問います。　（各2点）

(1) ① 那家便利店几天过就要开张了。

② 那家便利店开张就要过几天了。

❸ **那家便利店过几天就要开张了。**（あのコンビニは近日中にオープンする。）

④ 那家便利店就要过几天开张了。

“就要…了”は「まもなく…する」という意味を表す文型で，“就要开张了”と表现します。「数日が経過する」は“几天”を補語として“过”の後ろに置きます。

(2) ❶ **他们商量了半天也没有结果。**

(彼らは長時間話し合ったが，結論が出なかった。)

② 他们半天商量了也没有结果。

③ 他们商量半天也没有了结果。

④ 他们商量了也没有半天结果。

“半天”は数量詞で補語として動詞“商量”の後ろに置きます。「結果がない」あるいは「結果がなかった」はいずれも“没有结果”であり，“没有了结果”とは言いません。

(3) ① 老汪让我去修理帮他电脑。

❷ **老汪让我去帮他修理电脑。**

(汪さんはわたしに彼のためにパソコンの修理に行かせた。)

③ 老汪让我帮他修理去电脑。

④ 老汪让我修理电脑去帮他。

連動文は動作が行われる順に動詞を並べます。この問題では「パソコンを修理することを手伝いに行く」という意味ですから，“去”“帮他”“修理”の順です。

(4) ① 这次灾害与其说是天灾，倒是说不如人祸。

② 这次灾害说是与其天灾，倒不如是说人祸。

❸ **这次灾害与其说是天灾，倒不如说是人祸。**

(今回の災害は天災だと言うより，むしろ人災だと言ったほうがよい。)

④ 这次灾害是与其说天灾，不如倒说是人祸。

“与其…不如…”は「…よりもむしろ…のほうがよい」という意味の複文です。「…と言う」は“说是…”です。

(5) ① 不但他能力强，而且人缘儿也好。

② 他不但能力强，也而且人缘儿好。

③ 他而且能力强，不但人缘儿也好。

❹ 他不但能力强，而且人缘儿也好。

（彼は能力があるだけでなく，人受けもよい。）

“不但…而且…”は「…だけでなく，しかも…」という意味の複文です。“而且”は“不但”より前に置きません。主語は“他”，“能力强”と“人缘儿好”が述語ですから，“不但”は“他”の後ろに置きます。また，副詞は接続詞の前に置いてはいけません。

2. 同じ意味になる語句を選びます。語句の意味についての知識を問います。

（各 2 点）

(6) 我听到这首歌曲，就仿佛被带到了 30 年前的那个时代。（わたしはこの歌を聴くと，30 年前のあの時代に連れ戻されたような思いがする。）

① 比如 bǐrú　　❷ 好像 hǎoxiàng

③ 相似 xiāngsì　　④ 象征 xiàngzhēng

①は「例えば」，②は「まるで…のようだ」，③は「似通っている」，④は「象徴する」という意味です。“仿佛”は，「まるで，あたかも」という意味ですから，②が正解です。

(7) 这家超市今天搞活动，所有商品都打折。（このスーパーはきょうイベントをやっていて，全商品がみな値引きになっている。）

① 贬值 biǎnzhí　❷ 降价 jiàngjià　③ 抬价 táijià　④ 抢购 qiǎnggòu

①は「価値が下がる」，②は「値引きする」，③は「値をつり上げる」，④は「われさきに買う，買いだめをする」という意味です。“打折”は“打折扣”の略で，「割引をする」という意味ですから，②が正解です。

(8) 老张就是改不掉爱吹牛这个毛病，真拿他没办法。

（張さんはほらを吹く癖が直らない。全くどうしようもない。）

❶ 缺点 quēdiǎn　② 伤口 shāngkǒu　③ 故障 gùzhàng　④ 嗜好 shìhào

“毛病”には「欠点」「傷」「故障」「癖」などの意味があります。「ほらを吹く」という悪いことから「欠点」という意味の①が正解です。②は「傷口」，③は「故障」，④は「（よくない）嗜好，好み」という意味です。

(9) 这家餐厅虽然店面很小，不过能做出很地道的上海菜。
（このレストランは店構えは小さいが，本場の上海料理を出す。）

① 实惠 shíhuì　　❷ 正宗 zhèngzōng
③ 普通 pǔtōng　　④ 昂贵 ánggui

①は「実利的だ」，②は「正統的だ，本場の」，③は「普通だ」，④は「高価だ」という意味です。“地道”は，「正真正銘の，本物の」という意味ですから，②が正解です。

(10) 他并不富裕，但为受灾群众捐款一点儿也不吝啬。（彼は決して裕福ではないが，被災者のために募金をすることに対しては少しも惜しまない。）

① 大方 dàfang　　❷ 小气 xiǎoqi　　③ 犹豫 yóuyù　　④ 吃亏 chīkuī

①は「気前がよい」，②は「けちだ」，③は「ためらう，躊躇する」，④は「損をする」という意味です。“吝啬”は「けちである」という意味ですから，②が正解です。

3 適当な語句を補います。読解力と語句の知識を問います。（各２点）

解答：(1)❹　(2)❹　(3)❷　(4)❹　(5)❸　(6)❷　(7)❶　(8)❷　(9)❶　(10)❶

(1) 一到花粉季节，（ 戴 ）口罩的人就多起来了。
（花粉の季節になって，マスクをする人が多くなった。）

① 挂 guà　　② 带 dài　　③ 穿 chuān　　❹ 戴 dài

動詞の問題です。①は「掛ける」，②は「携帯する」，③は「着る，はく」，④は「（眼鏡を）かける，（帽子を）かぶる」など。「体に着用する」場合に用いる④が正解です。

(2) 他们俩相处了多年，最终还是因为性格不合（ 分手 ）了。（彼ら二人は長年つきあっていたが，結局はやはり性格が合わず，別れてしまった。）

① 挥手 huīshǒu　　② 解手 jiěshǒu　　③ 放手 fàngshǒu　　❹ 分手 fēnshǒu

①は「手を振る」，②は「トイレに行く」，③は「手を放す」，④は「別れる」という意味です。「性格が合わず」から④を選びます。

(3) 你已经尽最大努力了，输给这么强的选手一点儿都不（ 丢脸 ）。
（君はすでに最大の努力を尽くしたのだから，あんな強い選手に負けても別に面目を無くすことにはならない。）

① 洗脸 xǐ liǎn　❷ 丢脸 diūliǎn　③ 笑脸 xiàoliǎn　④ 变脸 biànliǎn

①は「顔を洗う」，②は「面目を失う」，③は「笑顔」，④は「(怒って)顔色を変える」という意味です。「これほど強い選手に負けても…」という文脈から②を選びます。

⑷ 一支由 15 名医务人员（ 组成 ）的医疗队已经前往灾区。

（15 名の医療関係者からなる医療チームがすでに被災地区に赴いた。）

① 造成 zàochéng　② 集成 jíchéng　③ 合成 héchéng　❹ 组成 zǔchéng

①は「作り上げる，引き起こす」，②は「集成する，多くのものを集めて一つにまとめ上げる」，③は「合成する，複数のものを一つにする」，④は「構成する，組織して作る」という意味です。「15 名の医療関係者からなる」という文脈から④が正解です。“由…组成”（…からなる）は常用の文型です。

⑸ 他一直坚持（ 锻炼 ）身体，这么多年从来没有生过病。

（彼はずっと体を鍛えているので，長年病気をしたことがない。）

① 调动 diàodòng　② 训导 xùndǎo

❸ 锻炼 duànliàn　④ 强盛 qiángshèng

①は「異動する」，②は「補導する」，③は「鍛える」，④は「強く盛んである」という意味です。“身体”を目的語とすることができるのは，③だけです。

⑹ 马上就要高考了，考生们都在（ 抓紧 ）时间复习。

（まもなく大学入試なので，受験生たちは寸暇を惜しんで復習している。）

① 抽调 chōudiào　❷ 抓紧 zhuājǐn　③ 赶快 gǎnkuài　④ 加急 jiājí

①は「選び出して派遣する」，②は「しっかりとつかむ」，③は「早く，急いで」，④は「急を要する」という意味です。「(時間を) むだにしない」という意味になる②が正解です。

⑺ 他这个人（ 胆子 ）太大了，世界上没有他不敢做的事儿。

（彼という男は肝っ玉が据わっていて，彼が尻込みしてしまうような事は世の中には何もない。）

❶ 胆子 dǎnzi　② 嘴巴 zuǐba　③ 肚子 dùzi　④ 胸口 xiōngkǒu

①は「度胸」，②は「口」，③は「腹」，④は「みぞおち」という意味です。“胆子大”（肝っ玉が大きい），“嘴巴大”（口が軽い），“肚子大”（おなかが大きい）という表現はありますが，“胸口大”はありません。文脈から①が正解です。

(8) 我经常回忆起小时候在奶奶家的生活，那是一（ 段 ）幸福的时光。（わたしは小さいころにおばあさんの家で暮らしていたことをよく思い出す。あれは幸せな時であった。）

① 间 jiān　❷ 段 duàn　③ 件 jiàn　④ 块 kuài

量詞の問題です。一区切りの時間や距離を数える場合に用いる②が正解です。①は部屋，③は服や事件，④は塊状や片状のものを数える場合に用います。

(9) 作为总经理，我对这次事故有不可（ 推脱 ）的责任。（社長として，わたしには今回の事故に対して逃れることのできない責任がある。）

❶ 推脱 tuītuō　② 谢绝 xièjué　③ 下载 xiàzài　④ 逃难 táonàn

①は「言い逃れる」，②は「謝絶する」，③は「ダウンロードする」，④は「災難を避けて逃げる」という意味です。“责任”を目的語にできる動詞は①のみです。

(10) 年轻人做事情要专一，不能总是（ 朝三暮四 ）。（若者は何事にも集中して打ち込まなくてはならず，いつも移り気であってはならない。）

❶ 朝三暮四 zhāosān-mùsì　② 早出晚归 zǎochū-wǎnguī
③ 一举两得 yījǔ-liǎngdé　④ 东奔西走 dōngbēn-xīzǒu

四字成語の問題です。①は「ころころと変わりやすい」，②は「朝早く出かけて夜遅く帰ってくる」，③は「一挙両得，一石二鳥」，④は「東奔西走する」という意味です。文脈から①が正解です。

4 500字程度の文章を読み，流れをつかんで適当な語句を補う4問，内容の理解を問う1問，日本語に訳す1問に答えます。語句の知識，読解力，日本語の翻訳力を問います。 ((1)～(5)各2点，(6)各5点)

解答：(1)❹ (2)❶ (3)❸ (4)❶ (5)❸ (6)⇨103頁

一天，我去姑姑家，发现她正在手机上查看北京的天气，我问她："(a)北京离这儿有1400多公里，即便下雨也不能给小波送雨伞去呀！"姑姑笑了，她说这些年都习惯了，每天都要看儿子小波所在城市的天气。每当表弟来电话时，她都会 [(1)嘱咐] 他：降温了，想着多穿点儿衣服；明天有雨，上班时别忘了带雨伞。

姑姑还告诉我说："小波在重庆上大学时，我还没有智能手机，[(2)只好] 天天看电视了解重庆的天气预报；后来他在西安念研究生，我就开始关注西安；再后来他到北京工作，我又一直关注着北京的天气情况。算起来，都十五年了。"

其实，也并不是只有我姑姑这样。前不久，我的一个好朋友带着一家四口人开车去西藏旅游。朋友刚走两天，他母亲 [(3)便] 来到我家。我想她肯定有急事，忙着问："怎么了，阿姨？"她有些不好意思，吞吞吐吐地说："看一下儿你的手机，我儿子在微信朋友圈里有没有发信息？"我说："您怎么不给他打电话呢？"阿姨说怕儿子在开车，开车接电话多危险啊！

我点开微信朋友圈，找到了朋友发出的信息让她看。朋友一家刚刚路过成都，还有在那里吃火锅的照片。(b)阿姨看着微信，脸上露出了笑容，还让我快给她查一查成都的天气。

看来，每个母亲的心里都有一张地图，那张地图上所标记的都是孩子留下的足迹。孩子在 [(4)哪里]，母亲心头的牵挂就在 [(4)哪里]。

訳：ある日，おばさんの家に行ったとき，彼女がスマホで北京の天気を調べているのを見かけた。わたしはおばさんに「(a)北京はここから1400キロ余り離れているのだから，たとえ雨が降っても小波に傘を持って行ってやるわけにはいかないでしょう」と聞いた。おばさんは笑って，この数年，習慣になっていて，毎日息子の小波がいる都市の天気を見ていると言った。従弟《いとこ》が電話をかけてくるたびに，おばさんは必ず「寒くなったら，厚着をしなさい。あしたは雨が降るから，仕事に行くときには傘を忘れないようにしなさい」と忠告していた。

おばさんはわたしに「小波が重慶の大学に入ったとき，わたしはまだスマホを持っていなかったので，毎日テレビを見て重慶の天気予報を知るしかなかったの。後に彼は西安で大学院生になると，わたしは西安に関心を持つようになったわ。その後，彼は北京で働くことになったの。今度はわたしはずっと北京の天気模様を気にしてきたの。数えてみると，もう 15 年になるわ」とも言った。

実は，わたしのおばさんだけがそうであるというわけではない。少し前，わたしのある親友が一家４人を連れて車でチベットへ旅行に行った。友達が出発して２日たったばかりのとき，彼の母親がわが家を訪ねて来た。わたしは彼女はきっと急用があるのだと思い，急いで「どうしたのですか。おばさん」と尋ねた。彼女は少し申し訳なさそうに口ごもりながら「ちょっとあなたのスマホを見てちょうだい。わたしの息子はウィーチャットの友達グループで情報を発信しているかどうか」と言った。わたしは「どうして彼に電話しないのですか」と言った。おばさんは息子が運転中に電話に出るのは危ないのではないかと心配だと言った。

わたしはウィーチャットの友達グループを開いて，彼が発信した情報を見つけておばさんに見せた。友達の一家は成都を通り過ぎたばかりで，そこで火鍋を食べている写真もあった。(b)おばさんはウィーチャットを見ると，頬に笑みを浮かべ，わたしに早く成都の天気を調べておくれと言った。

どの母親の心の中にも１枚の地図があるようだ。その地図に表されているのは，みな子どもが残した足跡ばかりである。子どもがいる場所こそが母親の気がかりな場所のようである。

(1) 空欄補充

① 委托 wěituō　② 打扰 dǎrǎo　③ 照顾 zhàogù　❹ 嘱咐 zhǔfu

①は「委託する」，②は「邪魔をする」，③は「世話をする」，④は「言いつける」という意味です。文脈から④が正解です。

(2) 空欄補充

❶ 只好 zhǐhǎo　② 总算 zǒngsuàn　③ 除非 chúfēi　④ 到底 dàodǐ

①は「しかたなく，やむをえず」，②は「やっとのことで」，③は「…しないかぎり…」，④は「一体」という意味です。「まだスマホを持っていなかった」を受けて「…するしかない」という意味を表す①が正解です。

(3) 空欄補充

① 才 cái　　② 还 hái　　❸ 便 biàn　　④ 再 zài

①は「やっと」，②は「やはり，まだ」，③は「すぐに」，④は「また，再び」という意味です。“朋友刚走两天”を受けて「すぐ」という意味を表す③が正解です。“就”と同じ意味をもちます。

(4) 空欄補充

❶ 哪里…哪里 nǎli…nǎli　　② 这里…那里 zhèli…nàli

③ 哪里…那里 nǎli…nàli　　④ 那里…这里 nàli…zhèli

同じ疑問詞を前後呼応させて用いる①が正解です。「どこで…ならば，そのどこで…」ということから「その場所こそ…」という意味になります。

(5) 内容の一致

① 天冷的时候，表弟自己会多穿点儿衣服。
（天気が寒いとき，従弟は自分で厚着するだろう。）

② 朋友的母亲当初不知道儿子的手机号。
（友達の母親は最初息子の携帯電話の番号を知らなかった。）

❸ **姑姑一直查看天气是因为牵挂着表弟。**
（おばさんがずっと天気を調べているのは従弟を心配しているからである。）

④ 每个母亲都会买一张孩子所在地的地图。
（どの母親も一枚の子どもがいる所の地図を買うはずである。）

①は第1段落の“她都会嘱咐他：降温了，想着多穿点儿衣服”と一致しません。文中には電話番号に触れているところはなく，②も除外できます。最終段落に“每个母亲的心里都有一张地图”とありますが，実際に地図を買ったわけではないので④も一致しません。第1段落の“每天都要看儿子小波所在城市的天气”と最終段落の“孩子在哪里，母亲心头的牵挂就在哪里”から③を選びます。

(6) 中文日訳

(a)・(b)上記を参照

(a)“北京离这儿有1400多公里”と後ろの文が因果関係にあり，さらに後ろの文は“即便…也…”という譲歩関係を表す複文です。“呀”は相手に気付かせるために用いる語気助詞で，“不能…呀”は「…するわけにはいかないでしょうね」という意味です。

(b)“脸上露出了笑容”は存現文で「頬に笑顔を見せた」「笑顔を浮かべた」などと訳すとよいでしょう。“让”は使役動詞ですが，「…するように言う」と訳すこともできます。

5 **やや長めの文５題を中国語に訳します。日常で常用の語句，表現を用いて文を組み立てる能力を問います。** (各４点)

(1) あなたは考えたことをそのまま書きなさい。

你怎样想就怎样写吧。

“怎样…怎样…”という前後で同じ疑問詞を呼応させる文型を用い，副詞“就”を用いて前後をつなげます。“请如实地写出你自己的想法”のように直訳することもできます。

(2) 張先生は去年からずっとこの問題を研究しています。

张老师从去年开始一直在研究这个问题。

「去年から」は“从…开始”“从…起”という文型を用いて“从去年开始”“从去年起”とします。「ずっと研究している」は“一直在研究”ですが，“在”を省略してもかまいません。

(3) 昨夜は忙しくて，２時まで起きていた。

昨天晚上我很忙，到两点才睡觉。

「２時まで起きていた」は「２時になってやっと寝た」と解釈して“到两点才睡觉”とします。“昨天晚上我一直忙到两点才睡觉”と訳すこともできます。

(4) わたしのゲーム機は弟に壊されてしまった。

我的游戏机被弟弟弄坏了。

“被”“让”“叫”などの介詞を用いて受け身文で訳します。「壊されてしまった」は単に“被…坏了”ではなく，「ゲーム機は弟にいじってだめにされてしまった」という意味から，“被…弄坏了”のように訳します。

(5) 父が賛成してもしなくても，わたしは留学に行きます。

不管爸爸同意不同意，我都要去留学。

「(たとえ）…でも，…」は“不管…都…”“不论…也…”の構文を用います。“爸爸同意也好，不同意也好，我都要去留学”と訳すこともできます。

中国語検定試験について

一般財団法人 日本中国語検定協会が実施し，中国語運用能力を認定する試験です。受験資格の制限はありません。また，目や耳，肢体などが不自由な方には特別対応を講じます。中国語検定試験の概要は以下のとおりです。詳しくは後掲（p.109）の日本中国語検定協会のホームページや，協会が発行する「受験案内」をご覧いただくか，協会に直接お問い合わせください。

認定基準と試験内容

準４級	**中国語学習の準備完了** 学習を進めていく上での基礎的知識を身につけていること。 （学習時間 60～120 時間。一般大学の第二外国語における第一年度前期修了，高等学校における第一年度通年履修，中国語専門学校・講習会などにおける半年以上の学習程度。） 基礎単語約 500 語（簡体字を正しく書けること），ピンイン（表音ローマ字）の読み方と綴り方，単文の基本文型，簡単な日常挨拶語約 50～80。
４　級	**中国語の基礎をマスター** 平易な中国語を聞き，話すことができること。 （学習時間 120～200 時間。一般大学の第二外国語における第一年度履修程度。） 単語の意味，漢字のピンイン（表音ローマ字）への表記がえ，ピンインの漢字への表記がえ，常用語 500～1,000 による中国語単文の日本語訳と日本語の中国語訳。
３　級	**自力で応用力を養いうる能力の保証（一般的事項のマスター）** 基本的な文章を読み，書くことができること。 簡単な日常会話ができること。 （学習時間 200～300 時間。一般大学の第二外国語における第二年度履修程度。） 単語の意味，漢字のピンイン（表音ローマ字）への表記がえ，ピンインの漢字への表記がえ，常用語 1,000～2,000 による中国語複文の日本語訳と日本語の中国語訳。
２　級	**実務能力の基礎づくり完成の保証** 複文を含むやや高度な中国語の文章を読み，３級程度の文章を書くことができること。 日常的な話題での会話が行えること。 単語・熟語・慣用句の日本語訳・中国語訳，多音語・軽声の問題，語句の用法の誤り指摘，100～300 字程度の文章の日本語訳・中国語訳。

準1級	**実務に即従事しうる能力の保証（全般的事項のマスター）** 社会生活に必要な中国語を基本的に習得し，通常の文章の中国語訳・日本語訳，簡単な通訳ができること。 （一次）新聞・雑誌・文学作品・実用文などやや難度の高い文章の日本語訳・中国語訳。 （二次）簡単な日常会話と口頭での中文日訳及び日文中訳など。
1　級	**高いレベルで中国語を駆使しうる能力の保証** 高度な読解力・表現力を有し，複雑な中国語及び日本語（例えば挨拶・講演・会議・会談など）の翻訳・通訳ができること。 （一次）時事用語も含む難度の高い文章の日本語訳・中国語訳。熟語・慣用句などを含む総合問題。 （二次）日本語と中国語の逐次通訳。

日程と時間割

準4級，4級，3級，2級及び準1級の一次試験は3月，6月，11月の第4日曜日の年3回，1級の一次試験は11月の第4日曜日の年1回実施します。

一次試験は次の時間割で実施し，午前の級と午後の級は併願できます。

午　前			午　後		
級	集合時間	終了予定時間	級	集合時間	終了予定時間
準4級	10:00	11:15	4　級	13:30	15:25
3　級		11:55	2　級		15:45
準1級		12:15	1　級		15:45

準1級と1級の二次試験は，一次試験合格者を対象に，一次が3月，6月の場合は5週間後，一次が11月の場合は1月の第2日曜日に実施します。（協会ホームページに日程掲載）

受験会場

全国主要都市に35か所，海外は北京，上海，台北，シンガポールの4か所を予定しています（2021年5月現在）。二次試験は，準1級・1級を東京と大阪で実施します。

受験料

郵送またはインターネットで受付けます。

準4級	3,500円
4　級	4,800円
3　級	5,800円
2　級	7,800円
準1級	9,800円
1　級	11,800円

（2021年5月現在）

出題・解答の方式，配点，合格基準点

級	種類	方式	配点	合格基準点
準4級	リスニング	選択式	50点	60点
	筆　記	選択式・記述式	50点	
4　級	リスニング	選択式	100点	60点
	筆　記	選択式・記述式	100点	60点
3　級	リスニング	選択式	100点	65点
	筆　記	選択式・記述式	100点	65点
2　級	リスニング	選択式	100点	70点
	筆　記	選択式・記述式	100点	70点
準1級	リスニング	選択式・記述式	100点	75点
	筆　記	選択式・記述式	100点	75点
1　級	リスニング	選択式・記述式	100点	85点
	筆　記	選択式・記述式	100点	85点

・解答は，マークシートによる選択式及び一部記述式を取り入れています。また，録音によるリスニングを課し，特に準1級・1級にはリスニングによる書き取りを課しています。

・記述式の解答は，簡体字の使用を原則としますが，２級以上は特に指定された場合を除き，簡体字未習者の繁体字の使用は妨げません。但し，字体の混用は減点の対象となります。
・４級～１級は，リスニング・筆記ともに合格基準点に達していないと合格できません。準４級は合格基準点に達していてもリスニング試験を受けていないと不合格となります。
・合格基準点は，難易度を考慮して調整されることがあります。

二次試験内容

準１級は，面接委員との簡単な日常会話，口頭での中文日訳と日文中訳，指定されたテーマについての口述の３つの試験を行い，全体を通しての発音・イントネーション及び語彙・文法の運用能力の総合的な判定を行います。10～15分程度。合格基準点は75点／100点

１級は，面接委員が読む中国語長文の日本語訳と，日本語長文の中国語訳の２つの試験を行います。20～30分程度。合格基準点は各85点／100点

一般財団法人 日本中国語検定協会
〒103-8468　東京都中央区東日本橋2-28-5協和ビル
Tel：０３－５８４６－９７５１
Fax：０３－５８４６－９７５２
ホームページ：http://www.chuken.gr.jp
E-mail：info@chuken.gr.jp

試験結果データ（2020 年度実施分）

L：リスニング　W：筆記　口試 1：中文日訳　口試 2：日文中訳

第100回	準4級	4級	3級	2級	準1級	準1級二次	1級一次	1級二次
		L / W	L / W	L / W	L / W	口試	L / W	口試1/口試2
合格基準点	60	60/60	65/65	70/70	75/75	75	−	−
平均点	75.8	69.9/67.7	65.7/68.2	69.8/67.0	71.8/71.4	88.4	−	−
志願者数	1,002	1,600	1,776	878	281	100	−	−
受験者数	806	1,305	1,444	754	254	93	−	−
合格者数	657	795	673	292	95	89	−	−
合格率	81.5%	60.9%	46.6%	38.7%	37.4%	95.7%	−	−

第101回	準4級	4級	3級	2級	準1級一次	準1級二次	1級一次	1級二次
		L / W	L / W	L / W	L / W	口試	L / W	口試1/口試2
合格基準点	60	60(55)/60(55)	65(60)/65	70/70(65)	75/75(70)	75	85/85	85/85
平均点	72.6	61.2/67.3	63.8/71.4	62.0/61.4	66.2/56.9	88.7	68.1/69.4	85.7/76.7
志願者数	2,333	2,732	2,995	1,751	546	99	212	16
受験者数	2,108	2,340	2,614	1,567	481	88	195	13
合格者数	1,692	1,305	1,381	474	95	86	14	6
合格率	80.3%	55.8%	52.8%	30.2%	19.8%	97.7%	7.2%	46.2%

第102回	準4級	4級	3級	2級	準1級一次	準1級二次	1級一次	1級二次
		L / W	L / W	L / W	L / W	口試	L / W	口試1/口試2
合格基準点	60	60/60	65/65	70/70	75/75	75	−	−
平均点	69.1	64.9/72.2	66.8/69.5	67.9/67.1	73.6/67.2	87.4	−	−
志願者数	1,789	2,719	2,591	1,405	443	133	−	−
受験者数	1,554	2,314	2,255	1,274	399	130	−	−
合格者数	1,094	1,356	1,074	485	127	127	−	−
合格率	70.4%	58.6%	47.6%	38.1%	31.8%	97.7%	−	−

※　二次志願者数には，一次試験免除者を含みます。

※　合格基準点欄（　）内の数字は，難易度を考慮して当該回のみ適用された基準点です。

カバーデザイン：トミタ制作室

音声ダウンロード

中検２級試験問題 2021［第100・101・102回］解答と解説

2021 年 5 月 22 日　初版印刷
2021 年 5 月 28 日　初版発行

編　者　一般財団法人 日本中国語検定協会
発行者　佐藤康夫
発行所　白 帝 社

〒171-0014　東京都豊島区池袋 2-65-1
TEL 03-3986-3271　FAX 03-3986-3272
info@hakuteisha.co.jp　http://www.hakuteisha.co.jp/

印刷 倉敷印刷(株)／製本 ㈱ティーケー出版印刷

Printed in Japan　〈検印省略〉　6914　　ISBN978-4-86398-415-8

＊定価はカバーに表示してあります。

D　第　　回　2級　解答用紙　リスニング・筆記 1 2 3 4

受験番号							
会場							
氏名							

記入例

良い例	悪い例

小さすぎたり，はみだしたり，うすすぎたりしないように。

マーク欄全体を塗りつぶしてください。

リスニング

1

(1)	1	2	3	4
(2)	1	2	3	4
(3)	1	2	3	4
(4)	1	2	3	4
(5)	1	2	3	4
(6)	1	2	3	4
(7)	1	2	3	4
(8)	1	2	3	4
(9)	1	2	3	4
(10)	1	2	3	4

2

(1)	1	2	3	4
(2)	1	2	3	4
(3)	1	2	3	4
(4)	1	2	3	4
(5)	1	2	3	4
(6)	1	2	3	4
(7)	1	2	3	4
(8)	1	2	3	4
(9)	1	2	3	4
(10)	1	2	3	4

筆記

1

(1)	1	2	3	4
(2)	1	2	3	4
(3)	1	2	3	4
(4)	1	2	3	4
(5)	1	2	3	4
(6)	1	2	3	4
(7)	1	2	3	4
(8)	1	2	3	4
(9)	1	2	3	4
(10)	1	2	3	4

2

(1)	1	2	3	4
(2)	1	2	3	4
(3)	1	2	3	4
(4)	1	2	3	4
(5)	1	2	3	4
(6)	1	2	3	4
(7)	1	2	3	4
(8)	1	2	3	4
(9)	1	2	3	4
(10)	1	2	3	4

3

(1)	1	2	3	4
(2)	1	2	3	4
(3)	1	2	3	4
(4)	1	2	3	4
(5)	1	2	3	4
(6)	1	2	3	4
(7)	1	2	3	4
(8)	1	2	3	4
(9)	1	2	3	4
(10)	1	2	3	4

4

(1)	1	2	3	4
(2)	1	2	3	4
(3)	1	2	3	4
(4)	1	2	3	4
(5)	1	2	3	4

4

(6)

a

b

点数

E 第　　回　2級　解答用紙　　筆記 5

受験番号							
会場							
氏名							

5

		点数
(1)		
(2)		
(3)		
(4)		
(5)		